黑猫宅急便的经营学

小仓昌男 著

毛文伟 李勤 译

上海交通大学出版社
SHANGHAI JIAO TONG UNIVERSITY PRESS

内容提要

    雅玛多运输推出的宅急便业务是日本运输业的一大创举。尽管一开始并不被看好，但由于小仓昌男社长对市场需求进行了细致调查，对业务流程作出了周密规划，成功地解决了服务和成本的平衡问题，使该业务获得极大成功，进而带动日本个人快递配送业务快速发展。作为宅急便业务的第一决策人，本书作者小仓昌男社长在书中详细介绍了宅急便业务推出的历史背景、业务规划实施的全过程、遭遇的困难以及采取的对策，帮助读者深入了解日本企业的运营模式和决策流程，并对日本式的经营哲学取得一定认识。

图书在版编目(CIP)数据

黑猫宅急便的经营学 / (日)小仓昌男著；毛文伟，
李勤译. —上海：上海交通大学出版社，2015
ISBN 978 - 7 - 313 - 12968 - 0

Ⅰ.①黑… Ⅱ.①小…②毛…③李… Ⅲ.①小仓昌
男—自传 Ⅳ.①K833.135.38

中国版本图书馆 CIP 数据核字(2015)第 094519 号

OGURA MASAO KEIEIGAKU written by Masao Ogura.
Copyright © 1999 by Masao Ogura
All rights reserved.
Originally published in Japan by Nikkei Business Publications, Inc.
Chinese translation rights in simplified characters arranged with Nikkei
Business Publications, Inc., Tokyo through Japan UNI Agency, Inc., Tokyo

上海市版权局著作权合同登记号：图字：09 - 2014 - 551

黑猫宅急便的经营学

著　　者：[日]小仓昌男	译　　者：毛文伟　李勤
出版发行：上海交通大学出版社	地　　址：上海市番禺路 951 号
邮政编码：200030	电　　话：021 - 64071208
出 版 人：韩建民	
印　　制：上海瑞辉印刷厂	经　　销：全国新华书店
开　　本：880 mm×1230 mm　1/32	印　　张：7.25
字　　数：149 千字	
版　　次：2015 年 7 月第 1 版	印　　次：2015 年 7 月第 1 次印刷
书　　号：ISBN 978 - 7 - 313 - 12968 - 0/K	
定　　价：36.00 元	

前　言

　　最初,宅急便并不被认可为一项事业。但从它莽撞地向邮政包裹业务发起挑战的那一天开始,就顺利地发展壮大了起来。1998 年,雅玛多运输宅急便的处理量达到了 77 926 万件,是邮政包裹(31 644 万件)的 2.46 倍,占据了同年快递服务市场 37%的份额,远远超过日本通运鹈鹕快递 17%和邮政包裹业务 15%的市场占有率。

　　宅急便正式开始于 1976 年 2 月。在这之前,个人家庭只能通过邮政包裹业务寄送物件。宅急便瞅准机会进入了市场。第一年,与邮政包裹业务 17 880 万件的业务量相比,宅急便的实际业绩只有 170 万件。任何人都觉得雅玛多运输的尝试会以失败告终。但是,宅急便在 1980 年初首次跨越保本线,获得了盈利。看到这个情况,马上就有 30 多家同行加入了个人快递配送业务。"黑猫雅玛多宅急便"的广告歌曲风靡一时。

　　从那时起,我不断接到写书的邀请。可是我全部拒绝了。成功的经营者在出版了自己的经验谈后不久,企业就陷入萧条,转而陷入失意之中,这样的例子我已经看得太多。我相信,经营者一旦出书就会踏上不幸之路,所以我一直保持沉默。

　　1995 年 6 月,我辞去了雅玛多运输的社长职位。之后,一直担任雅玛多福祉财团理事长。雅玛多福祉财团运营的目的是帮助残疾人自立，并加入到社会中来。财团成立于1993年，主要援助对象是那些以帮助残疾人就业为目的的福利工厂。

这项工作使我了解到，在福利工厂工作的残疾人的报酬只有平均每月一万日元而已。这令我非常震惊。在这个年代居然还有人只拿一万日元月薪！为什么会这样呢？这是因为，福利工厂的经营者们虽然对于提升残疾人福祉抱有非同一般的热情，但是他们不懂得经营之道。

于是，我开始思考。我完全不了解福利方面的事情，但是我有在雅玛多运输42年的经营经历。这个经历对于福利工厂的运营应该会起到作用。于是在1996年到1998年的三年间，我每年在全国十几个地方开设"福利工厂能量提升讲座"。共计1 400余人听了我的讲座，他们都很高兴地表示深受启发。

这个经历实际上也是我执笔写作的一个原因。

我离开雅玛多运输至今已有4年。既然已不是在职的企业经营者，也就不用在意那些忌讳了。事实上，关于在职期间各种经历的记忆也逐渐淡薄了。回首过去，似乎当时做的很多决定并没有向员工们进行详细的解释。作为社长，我当时是怎么考虑的，现在重新来谈谈也是一件有意义的事情吧。于是，我决定写这本书。

这是我一生中的第一本也是最后一本著作。而且，我没有生产物品和销售物品的经验。我只懂得运输，对一般人也没什么帮助。

我不打算写一部成功学的论著。我只打算老老实实地讲述，自己是如何用贫乏的头脑进行思考的。

小仓昌男

目 录

绪 言

——与三越诀别后奔向宅急便

那是 1979 年 3 月 1 日晚上发生的事情。地点是东京,白金,八方园的大宴会厅。就在前一天,原隶属于雅玛多运输三越联络处的大约两百多个职员还在这里举办了盛大的内部员工派对。

前一天,也就是 2 月末,雅玛多运输决定撤出日本最大的百货公司三越百货的配送业务。三越联络处就此解散,消失了。这个派对可以说是该部门的告别会。长期工作的部门没了,照说应该会感到寂寞难受,可是参加派对的员工们却一个个表情开朗,谈笑风生。

对雅玛多运输来说,三越曾经是最重要的客户。

1919 年 11 月,雅玛多运输(当时称为"大和运输")以四台货车起家。翌年 3 月,遭遇了突如其来的经济危机,出师不利,陷入了生死一线的危机之中。当时,将公司从危机中解救出来的,正是和三越百货公司的前身三越吴服店之间缔结的市场配送合同。

在那之后,雅玛多运输的创始人小仓康臣给予三越特别客户的待遇。三越也极为重视负责配送商品的雅玛多运输,将其视为三越销售服务中的最后一环。作为惯例,每年在中元和岁暮最繁忙的时期,三越的社长都会邀请雅玛多的百货负责部长共进午餐,鼓励对方完成配送业务。双方互为一体,相互信赖。

但是,这种情况在 1972 年冈田茂担任三越社长之后完全改变了。冈田氏的经营方针,用一句话说就是:销售额至上主义。他反复不断地教导员工要开动脑筋想方设法提高销售额。正因为如此,三越对合作企业的态度也受到了销售额至上主义的影响。合作企业不仅是购买三越商品的顾客,更是被硬性推销也不能有怨言的买家——这是冈田一贯的主张。

雅玛多运输也不例外。我们被迫购买了昂贵的家具和手表、从俄罗斯进口的绘画以及别墅等。甚至还曾五次被强制参加了由三越组织的旅游,如参观法国凡尔赛宫等。

冈田就任社长的那一年还发生过这样的事情。那一年,三越召开了纪念三越创业 300 周年的典礼。作为合作了 50 多年的客户,雅玛多运输也受到表彰。当时,三越通知我们以 300 瓶清酒作为贺礼,当收到礼品清单时,不必把实物带来,只需把它纳入销售额即可。

不仅如此,三越每年分发给客户的年历均出自一流画家之手,评价颇高。以前他们有求于配送部长的时候,就会特别分给我们一两份。有一年,我们没特意去催促讨要,对方突然就送来了二三十份年历。雅玛多这边的负责人不由得夸奖对方好大方,对方的回答却让我们大吃一惊,说是从今年开始这个就收费了。更让我们吃惊的是,几年以后,三越把之前的年历画都收集了起来,制成画册强行推销。

后来,我们听说这都是冈田社长的主意。

冈田社长还制作了一部叫做《燃烧的秋天》的电影以获取名声。这本也无可厚非，可是我们被迫购买了 1 000 张预售票。

这样的例子举不胜举。我们只能看在公司间应酬的份儿上不得不容忍。但在本业上受到的各种不公对待则让我们忍无可忍。

首先是 1974 年 10 月，三越为了应对自身的业绩恶化，由社长下令采取了以下措施。

1. 降低配送费。

2. 征收雅玛多运输所属三越专属配送车在三越流通中心的停车费。

3. 征收雅玛多运输为配送业务设在三越内的事务所的使用费。

特别是第 2 条和第 3 条，完全脱离了常识，我们完全无法认同，可却不得不接受对方提出的条件，直到三越业绩恢复为止。

1976 年，作为三越百货内部的合理化措施，原本在板桥和深川两地的配送中心集中到了深川一地。至于闲置不用的板桥中心，三越说雅玛多运输有很多客户委托的工作要做，应该能够使用，硬是以每年 6 600 万日元的价格强行让我们签订了租赁合同。

这一连串的事情使得雅玛多运输三越联络处的收支状况自 1976 年之后急剧恶化，甚至出现了一年一亿日元以上的赤字。

而三越方面，业绩出现回升，1978 年 2 月期的经常利润突破了百亿日元。于是，我们提出更改配送费用的要求，可是没有得到有诚意的回应。

于是我下定了决心。考虑到长达 50 年的长期合作以及期间所受到的恩惠，也许我们不应该解除合约。但是，作为经营者，我不能放着庞大的赤字不管不顾。

当然，如果三越联络处仅仅只是陷入赤字危机的话，我大概也不会重新考虑和长期合作的三越之间的合同。收支状况的变动是常事，但冈田社长的做法实在令我无法忍受。作为合作伙伴，与他一起工作已经让我厌恶至极。

在董事会议上进行评估后，我在 1978 年 11 月会见了三越的津田尚二常务董事，提出于 1979 年 2 月底解除配送合同。

即将进入百货公司的旺季 12 月，我们会负责任地完成当年的业务。但是 2 月以后就不再继续了。我强调了这一点后，就谢绝了对方的挽留回了公司。

和最大的客户决裂了。我之所以下这样的决断还有一大理由。那就是全新的业务——宅急便的迅速成长。

虽然当初有过这样那样的担心，但宅急便从 1976 年开始就一直稳健地成长着。第一年的业务量达到 170 万件，1977 年达到 540 万件，1978 年超过了 1 000 万件。正因为预见到宅急便将成为业务的新支柱，我才能毫不犹豫地作出从最大的客户三越撤出的重大决定。

宅急便的成长使得撤出三越的决定得以顺利开展，并没有让员工感受到多大的不安。在决定从三越撤出业务时，我们先联系了工会组织。工会举双手赞成，但是也对所属员工的安排和待遇提出了严格要求。我与他们约定，可以按照本人的要求安排其他百货公司的配送业务或是宅急便的业务，无须为此担心。公司的决定得到了他们的支持。

　　这之后，又有其他百货公司来询问，是否因为宅急便上了轨道就不愿意再做百货配送业务了。我回答说绝无此事，尽力得到了他们的理解。百货配送和宅急便既有共通点，又有互补之处。所以，百货配送业务只会加强而不会放弃，我只是讨厌冈田社长罢了。

　　和三越，不，是和冈田社长切断关系之后，雅玛多运输的内部气氛变得轻松自在了。面对宅急便的成功，公司内部士气高涨。

　　和三越结束业务往来后不久，公司创始人、我的父亲小仓康臣于 1979 年 1 月 15 日去世，享年 89 岁。这令我感慨良多。

　　创始人的离去和撤出三越如出一辙，似乎象征着雅玛多运输旧时代的结束和新时代的开始。开头部分所描述的 3 月 1 日在八方园召开的派对，就是庆祝新一代雅玛多运输起航的联欢会。

　　以宅急便事业为动力……

第1部

牛肉饭和曼哈顿——宅急便前史

　　创业于 1919 年的雅玛多运输在第二次世界大战前是日本短距离运输最成功的货车运输公司。但是,战后随着产业复兴,远距离运输兴起。雅玛多运输由于在远距离运输业务上起步晚了,转而陷入困境。创始人小仓康臣的成功经验反而成了绊脚石。为了打开僵局,公司选择了多元化道路。结果,在各方面均进展缓慢,基础业务商业货物运输的收益也出现恶化,公司面临危机。

　　另一方面,我于 20 世纪 50 年代加入雅玛多运输后,在各种研讨会上学习了美国企业和制造业的经营理念、流通革命的动向以及对市场的看法等,吸收了经营方面必要的知识。就任社长之后,我将目标从商业货物市场转向个人快递市场,摒弃多元化,转而将业务集中在一起,希望以此来渡过危机。给我启示的是一篇因专卖"牛肉饭"而大受欢迎的"吉野家"的报道。但是,由于收发货物效率极低,当时的个人快递市场完全被邮局独占,雅玛多运输应该怎样进入市场呢?我当时有一个假想,认为只要收发货物的网络建好就行了。我在曼哈顿参观访问时注意到了活跃在街头巷尾的 UPS 的集配车。于是,我确信自己能获得成功。

第1章
宅 急 便 前 史

　　我为什么要开始宅急便呢？为了解释这个问题，我们有必要先了解一下雅玛多运输的创始人、我父亲小仓康臣时代的经营情况。

　　经营者一旦取得过成功的经验，反而很容易就会被这个经验束缚，从而常常陷入经营误区。因为他们误判了之后环境的改变。第二次世界大战前，我的父亲小仓康臣同样如此。他在短距离运输上获得成功，使雅玛多运输成为日本第一货车运输公司。但是战后，市场发生了变化，这个成功经验反而成为阻碍。由于公司介入远距离运输过晚，导致雅玛多的经营陷入危机。

　　向全新的市场(快递市场)寻求生路的宅急便，也就成了雅玛多起死回生的救命稻草。

　　在这一章里，我想讲述一下在此之前的雅玛多的历史。

二战前曾是日本第一货车运输公司

　　1919 年，雅玛多运输在东京京桥区木挽町(现在的银座三丁目)设立总部,以 4 台货车起家,开始了运输业务。当时,全国的货车数量加起来也不过只有 204 台,算得上是有远见的尝试。

在 30 岁生日时开始创业的小仓康臣是 1889 年出生于东京京桥,25 岁时开了一家蔬菜水果店。他看到第一次世界大战之后的复兴,确信汽车时代将要来到,在研究之后萌发了建立运输公司的想法。

资金 10 万日元,从成立之初雅玛多就是股份有限公司。连管理人员在内,公司员工一共 15 名(事务员 7 名、乘务员 8 名)。1923 年,公司雇用了 1 名庆应义塾大学的毕业生,展现出以现代经营为目标的姿态。1924 年,公司让司机穿上统一制服。当时的制服帽子和警察同款,上衣领子上嵌着绿色呢绒,下身穿着马裤。这一身崭新漂亮的制服起到了提高公司声誉的作用。

顺便说一下,当时公司的名称是"大和运输股份有限公司",读作"yamato"运输。但是,当时的大和银行、大和证券等的"大和"都读作"daiwa",所以我们也时常被人误读为"daiwa"运输。于是,1982 年,小仓康臣正式将公司名称改为"雅玛多(yamato)运输有限公司"。本书的以下章节中,将公司名称统一称为雅玛多运输。

由于雅玛多运输拥有彰显运输速度的鲜鱼运送业务,又和三越签订了市内配送合同,公司发展非常顺利。特别是 1923 年关东大地震之后,为了复兴国家,对运输的需求飞速增长,这也促进了公司的成长。

小仓康臣赴欧则成为公司进一步成长的契机。小仓康臣于 1927 年参加了在伦敦举办的万国汽车运输会议,会后考察了总部位于伦敦的卡特帕特森公司,收获很大。

该公司以伦敦为中心,在东西 150 英里、南北 120 英里的地域内(如伯明翰、格拉斯哥等)定期运行货车。特别值得一提的是,定期的货车班次通过取件—运输—送达的一贯制体系,提供门对门服务。

小仓康臣后来曾提到:"卡特帕特森公司的体系让我感触很深。""我希望回国后将这个体系引入日本,抢占先机。"

小仓康臣的决定在访欧两年后开始付诸实施。1929 年,在东京—小田原之间,公司开始用货车定期运送来自多个公司的小宗货物。不久之后,扩展至从东京—八王子、高崎、宇都宫、水户、千叶等线路,1935 年,建成了关东一带的网络。雅玛多运输一举成为营业公里总数达到 1 811 公里,拥有 14 个运行线路、51 个营业所、151 台车辆、500 名从业人员的大型货车运输公司。

从 1945 年度的数字上可以看出,雅玛多运输的营业额达到了 392 万日元,经常利润 49 万日元,利润率 12.5%,取得了优异的成绩,被公认为"日本第一货车运输公司"。

第二次世界大战之前,雅玛多的成长很大程度上取决于作为经营者、拥有先进思想的小仓康臣的手腕。设置货车的运行网络,使用大和快递(雅玛多快递)这个名字,向市民提供贴身服务以获得支持,从一开始就采取股份有限公司的形式,让司机穿崭新的制服来赢得消费者的信任,每月定期召开经营会议,在 1931 年就早早地发行公司内部报刊等等。康臣以经营合理化为目标不断出招,他瞬间闪现的才华和执行力真是非常了不起。

但是,20 世纪三四十年代初期,因为太平洋战争爆发,以石油为首的资源出现匮乏,50 里以上的货车运输都被禁止了。货车运输业者不得不将业务倾斜到军需运输上。随着运行线路的缩小,雅玛多运输不得不关闭了多个营业所,直至战争结束。

过去的成功成为灾难——在远距离运输上起步晚了

第二次世界大战一结束,雅玛多运输立刻重新着手开展业务。

顺应新的时代,雅玛多开始为美国占领军工作,很快获得了利益。随着国营铁路(简称"国铁")货运站的开放,业务也扩展到了通运事业上。所谓通运,是国铁货物运输的一种工作方式,包括在车站和客户之间收集和配送货物,以及承包货车的装卸货等。这是特许经营的工作,战前由日本通运(简称"日通")垄断。战后,占领军的基本方针是排除垄断,希望有多个新从业者加入各货运站的工作。借此机会,雅玛多获得了汐留、秋叶原、饭田町(之后又增加了隅田川)等各站的经营许可。不过,公司的主要业务依旧是固定线路的货车运输业务。雅玛多正努力重新恢复战前建好的网络。

我正好是在这个时候进入公司的。

1943 年,正值第二次世界大战,我从原东京高中进入东京大学经济系就读。结果,大学生涯仅仅一年就中断了。1944 年 10 月,我以学生身份应征入伍,被分配到九州久留米的陆军预备士官学校。1945 年 6 月,我又被分配到爱知县蒲郡的独立大队,在那里待到 8 月份战争结束。

战争结束后,我复员回到了大学。但是,当时粮食短缺,大学生活也很艰难。我和同届的应用化学系的同学以及高中时代网球部的同学一起开始制造人工调味糖精。这期间,我于 1947

年 9 月从大学毕业。

糖精赚了钱。我们从学长家里的库房里开始,只用了不到一年的时间就在杉并区买了占地 40 坪①的工厂,创立了股份制公司。

但是,我不可能一直绕道走。事实上,我从大学时代起就考虑要进入父亲的公司。大学毕业一年后,我终于在 1948 年 9 月进了雅玛多运输。

可才过了仅仅几个月时间,我就突然被迫停职了。因为我患了结核病。那之后的两年里,我一直在医院里和病魔作斗争。在医院里的每天都很辛苦。当时,结核病被认为是不治之症,能保住性命就已经很幸运了。出院后也不能马上恢复工作。为了恢复体力,我花了两年时间在家里做康复治疗。二十多岁正是年富力强的时候,四年的空白期对我来说实在是太长了。

1953 年 11 月,我重新回到雅玛多运输。第二年,即 1954 年 7 月,我被调到关联企业静冈运输工作。这是一家很小的企业。所以,从劳务管理到现场作业都必须注意。这次调职对于我学习货车运输公司的经营基础起到了很大作用。1956 年 9 月,调职解除,我又回到了雅玛多运输,新的职位是百货部长,那年我 31 岁。

二战结束后的 10 年间,日本的货车运输事业发生了很大变化。

值得一提的是西浓运输和日本运输等西日本从业者的崛起。特别是连接东京和大阪之间的东海道被称为黄金线路。大型运输公司为此展开了激烈的竞争。

---

① 坪:日本的面积计量单位,1 坪＝3.303 78 平方米。

这样的远距离运输,在战前一直被视为是铁路的工作。为什么货车开始介入了呢?

第一个理由是道路的改善。虽然速度很慢,但是战后国内的道路逐渐得到改良,道路建设进展顺利。第二个理由是货车质量的提高。战争中使用的军用货车转为民用,一下子提升了用于运输业务的货车的性能。

此外,还有更大的理由。那就是对运输的需求发生了巨大变化。

战后,日本的制造业为了实现经济复兴拼命努力。家电等工业产品大量地从生产地流入消费地。其中,呈爆炸性增长的是从关西到东京的运输需求。

此前,远距离运输主要依靠铁路。一些不妥的地方逐渐显现了出来。

虽然在铁轨上时,铁路运输能产生时速 70 公里的高速,但是将货物送到货运站却很耗费时间。要将货物装上货车,再将货车按开往地区连接起来需要三至四个小时。因此,一定要在列车出发之前早早地将货物送到车站。一旦迟到,就只能改到第二天的车次了。

在这一点上,货车有着铁路所没有的优势。货车在工厂装货后随时都可以出发。因此,即使平均时速只有 30 公里,但按照门对门的时间计算的话,速度却不输于铁路。而且,战后出货单位变大,货车若能满载货物运送,运费也会逐渐降低,客户当然乐意使用货车。

这样一来,货车取代铁路一跃成为远距离运输的新主角。在远距离运输中,铁路和货车各承担 50% 的距离分界点,战后一

段时间内是 200 公里(东京—静冈)。不久就发展到 400 公里
(东京—名古屋),然后很快又扩展到 500 公里(东京—大阪)。

　　市场在快速变化。但是,雅玛多运输却一成不变地固守着
关东一带的地方线路。这也是因为社长小仓康臣固执地相信,
货车的运行范围在 100 公里以内,超过这个就属于铁路的范围。
以我为首的公司的年轻人恳求公司参与远距离运输,但是被小
仓康臣断然拒绝。

　　确实,战前的雅玛多贯彻小仓康臣的信念,坚持营运的地区
性,所以获得了成功。但是正如我前面所说的,货车运输市场的
情况已经发生了巨大变化。不做改变的话,就可能被时代抛弃。
在我的劝说和公司内部强烈的要求下,小仓康臣终于点头,同意
参与东海道线路。

　　1957 年 1 月,我们申请了东京—大阪的运营线路许可,1959
年 11 月,许可证下来了。大力呼吁参与远距离运输的我担任董
事营业部长,在最前沿负责大阪的顾客开发。1960 年 3 月,大阪
分店终于开始营业,比同行晚了约 5 年。

　　这 5 年的延迟是痛苦的。就算我们去做开业宣传活动,主
要客户都已经被同行捷足先登。收不到货物,让我们很是头疼。

　　小仓康臣确实曾是一个非常好的经营者。但是,无论多么
优秀,经营者过去的成功经验,在时代变迁、开始新事业时都可
能成为障碍。我当时深切而痛苦地感受到了这一点。

赚钱的公司,不赚钱的公司

　　虽然成功进入了期待已久的东海道线路,但是却收不到可

以运送的货物。实在是很尴尬。话说回来,远距离运输又不能空车回东京。这太不合算了。一定要想办法收到货物。

于是,就任营业部的最高管理者后,我全力开拓客户渠道,以与有大量货物需要运送的大宗货主签约作为目标。

进入 20 世纪五六十年代以后,日本经济快速成长起来。到处都在建设工业园区,招徕企业。我们把新工厂的开设比喻成"竖起烟囱",激励自己去获取新的"烟囱客户"。在大家的努力下,雅玛多运输的营业额有了些许增长。

但同时麻烦也出现了。经常利润逐渐减少。1960 年度的营业额经常利润率是 3.1%,1965 年度则跌至 1.7%。本来我们已经知道,重点放在大宗客户身上也许会引起些许的利润下滑,但没想到会下滑这么多。我们不得不想办法改善利润率。

我要求营业部门拒绝费时费力、成本较高的小宗货物。当时我完全没有意识到这是个多么巨大的错误。

在雅玛多千辛万苦地改善利益时,以西浓运输为首的关西势力借着高利润率逐渐发展壮大。

我无法接受这个事实。如果是因为经济不景气,整个行业都无法赚钱的话,那么利润下降也是无可奈何的事。但是,日本社会正处在高度成长期,同行业的公司也有挣钱的,为什么只有雅玛多的经常利润率低这么多呢?太奇怪了。从利润率来看的话,我们已经被西浓运输远远甩开了。太丢脸了。

为什么有的公司赚钱,独独我们公司赚不了钱呢?

我们首先想到的是人工费的差异。同行的总部都在地方上,而雅玛多的总部在东京,基本工资就不一样。我们平均每人的月薪比其他公司都要高 5 000 日元左右。

除此之外，还有一大理由。

当时为了获得大宗客户，公司采取了运费倾销策略。但是，在这一点上其他同行的条件也是一样的。不能认为其他公司采用了高运费制。尤其是，货车的运费是认定制，全日本的公司使用的都是运输省认定的同样的价格表。为什么只有我们无法盈利呢？这是经营者最在意的。作为公司的干部，我无论如何要搞清楚其中的缘故。

翻来覆去，左思右想，突然我意识到了一点。

货车运费的构成原则上采用长距离递减和重量递减的方式。所以，运送货物时，距离越远，重量越重，相对的价格越便宜。

其中，在距离方面，任何一家公司条件都是一致的。从东京到大阪，无论哪辆货车运送都一样。不过，重量方面却是不同的。就算货车的尺寸一致，每家公司装载的货物内容却是不同的。根据重量递减原则，在装载货物中，重量大的货物越多，每辆货车的运费收入就会相对减少。重量轻的货物越多，收入就会相应提高。

解释得再详细一点吧。运费按件(合同出货处和申报处一致)计算。日本的固定线路货车的运输合同平均一件 211 公斤，每件相当于 24 公斤一个的箱子共 8.8 个。也就是说，所谓"重货物"，不单单是指重量大，每一件的个数也比较多。

于是，我调出了东京—大阪之间的运费。手头上没有旧资料，就以 1974 年的运输省运费认定表为基础，试着再现一下当时的算法。

首先，50 个箱子组成的一件货物(一个箱子为 24 公斤)，也就是 1 200 公斤的货物的运费是 11 000 日元。就是说每一个箱子的运费是 220 日元。不过，大宗货物的实际运费要比认定运费便宜一成，相当于每个的运费减去 20 日元。另一方面，5 个一件的货物，也就是 120 公斤的货物的运费是 1 500 日元，相当于每个运费 300 日元。

这样看就一目了然了。50 个一件和 5 个一件，以每个的运费来看，价格居然有 1.5 倍的差异。根据这个计算，小宗货物在盈利方面占有压倒性优势。

这个结论让我大吃一惊。于是，我赶紧调查了公司固定线路运输货物的情况。

50 个一件以上的货物占压倒性多数。10 个一件以下的货物所占比例还不到一成。其他同行们的情况如何呢？我非常想知道。可是，既没有资料，别人也不可能告诉我。

实在想不出什么办法，我只好借着去大阪的机会，跑到竞争对手的公司分店外面偷偷瞟几眼。

货车司机从车里往平台上卸货时，按照运货单上所写，5 个一件就 5 个，7 个一件就 7 个，分别堆放在一处，全部弄好之后再运到指定的地方。所以，观察放在平台上的货物，大致就知道是小宗货物多还是大宗货物多。

以我的观察，营业利润率达到 7% 以上的运输公司主要运送一件 5 个以下的货物。营业利润率 5% 以上的公司大致都是 10个以下。雅玛多则是 50 个左右的居多。利润率当然就低了。这样看来，放弃小宗货物，将重点放在大宗货物上的营业战略错得多么离谱。其他公司也有大宗货物的运输，而我被其蒙蔽，完全没看到他们也在大量运输小宗货物。

顺便提一句,当时东京—大阪之间一个一件的运费是 700 日元。大型货车载重量的标准是 10 吨。一个纸箱的重量平均 24 公斤的话,一辆车能装 400 个多一点。如果要装满一件 50 个的货物的话,按照刚才的算法,每个的运费是 200 日元,那么它的 400 倍,每一辆车的收入就是 8 万日元。就是说要装满一个一件的货物,就是 700 日元乘以 400 个,收入不就达到 28 万日元了吗?

收集一个一件的货物要花费成本。但是,如果能赚这么多的运费,那就是很有吸引力的买卖了。事实上,当时的算法一直印在我的脑海里,日后也促使我考虑发展宅急便。

回到刚才的话题。我立刻发出开始收集小宗货物的指令。可是大多数客户完全不理睬我们。原因还是在于我们当初觉得小宗货物费时费力,不愿意受理,现在却又要求受理,太过随意任性了。现在想想,当初我们完全可以提高运费让客户自己放弃,结果我们却直接拒绝,伤害了客户的自尊心。我们的做法太拙劣了,只能自叹悔之晚矣。

良性循环和恶性循环

任何一个行业,市场占有率差异很大时,会用一强几弱这种方式排序。那时的货车业界还没有出现能称作一强的公司,大致分为市场占有率不断增加的几个公司和其他众多公司。雅玛多运输既有历史又有多种业务,虽然不被认为是不赚钱的公司,但在固定线路货车领域的没落却很明显。我个人觉得我们是无法扩展市场占有率的公司的典型。

同样的工作,有的公司市场占有率高,而且还能不断增长,有的公司却完全无法增长。它们的差异在哪里呢?

以啤酒公司为例来思考一下。曾经,三大啤酒公司的市场占有率大致是最大的一家占有 60%,其他两家各占 20%,也就是三比一。最大的公司能使用的宣传费是其他公司的 3 倍,回扣也要多一些。大家一样做销售推广,大公司的销售额肯定会提高。物流经费即使不是一半,也肯定是相当便宜的。很明显,市场占有率大的公司发展越来越好,竞争对手只要是做同样的事情就难以赶超。

雅玛多运输也是这样。在我当上营业部长的 1959 年,东京深川的货车货运集散中心因为陈旧的木制地板裂开了洞,叉车无法使用。当时,公司资本金 1 亿日元。因为财务体制不好,不能进行设备投资。货物的装卸只能用手推车,效率无法提高。

相反,西浓运输在名古屋建了一个钢筋混凝土的大型货车货运集散中心。效率提高了,服务质量好,客户的信任度高,收入和利润不断提高。因为财务体制好,设备投资增加,劳资关系也很好。

总之,西浓运输已经实现了"良性循环",而雅玛多运输还在为"恶性循环"而烦恼。

资本过小,财务负债多,设备陈旧,工作效率低,劳资关系僵化,收入遇到瓶颈,利润下降。这些互成因果,公司陷入一筹莫展的状态。我每天都在烦恼如何能够摆脱这种恶性循环。不过,无论是良性循环还是恶性循环,都不是一朝一夕产生的,是在长达 10 年、20 年的岁月里慢慢形成的。

那么,形成良性循环的出发点是什么呢?

基本的条件是"好好工作"。比如说,商店首先就要比隔壁早一个小时开门, 晚一个小时关门。货车运输公司也是如此。总部位于地方上的其他公司的员工们, 毫无疑问要比雅玛多运输工作得更努力。雅玛多位于东京, 工会也很健全, 无法强制员工长时间劳动。

也有些公司巧妙地利用宣传来形成良性循环。听说专业搬家公司"艺术搬家中心"选择艺术(art)这个词作为公司名称, 就是因为电话黄页的职业类别中 a 排在前面。然后又通过插入电话号码 0123 的广告和车身上的标识来提高知名度, 实现了飞跃式成长。

还有一些公司以优良的品质作为良性循环的出发点。这是比较正统的想法。听说樋口广太 1985 年从住友银行转行去完全不同行业的朝日啤酒担任社长时, 为了保持啤酒的鲜度, 将存放时间超过一周的啤酒全部倒在了河里。畅销一时的"舒波乐生啤"的广告"爽口又浓郁"非常有名。

雅玛多运输应该以什么作为良性循环的出发点呢? 深思熟虑之后, 我做出了决定。首先, 提高劳动生产率。

第2章
我的学习时代

我想在本章讲述一下自己在开发宅急便时,如何通过研讨会和讲座获取各种知识,不断琢磨,反复尝试,最终运用在经营上的故事。

20世纪50年代末,我刚刚加入雅玛多运输的管理团队。当时,各种研讨活动在日本如火如荼地展开。通过这些活动,我学习了很多美国企业经营和第二产业经营的相关知识,认识到劳动生产率的提高对改善经营的必要性,并将这些知识运用到货车运输业的经营中。60年代,我开始听有关流通领域的讲座,理解了第二产业和第三产业在经营上的区别,意识到了物流革新的重要性。1976年开发宅急便之后,我又通过讲座学到了市场营销、企业状况、全员经营等知识,这些都在当下的雅玛多经营上得以体现。

听了那么多的研讨会和讲座,我得到的收获是:经营是自己脑子里思考的东西,积极思考的态度是非常重要的。

提高生产率

提高劳动生产率。对雅玛多来说,这是通往良性循环的出发点。那么,具体怎么做才能提高生产率呢? 供我参考的是"研讨会"。

战后,日本经济快速复苏起来。为了促进经济复苏,主要产业界的领袖们组织了一个团赴美考察美国产业界。目的是希望了解美国高生产率的秘密。在国内,以提高生产率为主题的研讨会也在各地召开。

美国工资是日本的数倍,在日本几乎还无人拥有家用车的时代,美国已经是每家每户都有家用车。我本人很是羡慕。美国的企业虽然要付较高的人工费,但是产品成本低,在世界范围内都拥有竞争力,繁荣兴旺。这真是不可思议。

于是,我决定有机会要去旁听这样的研讨会。在研讨会上,我了解到美国经济成长的秘密在于高生产率。生产率提高的原理是加大每一个工人的设备投资,通过提高开工率来提高劳动生产率。

运输业是典型的劳动密集型产业。人工费占到总成本的近60%。为了使经费使用合理化,提高劳动生产率就成了必要条件。1959 年,我在 34 岁时就任雅玛多运输的营业部长,将公司目标定为货车运输的现代化,不断地将自己在研讨会上学到的提高生产率的知识运用到实践中。

我最先着手的是雅玛多运输运行车辆的大型化。那个时候,普通货车的货物承载量最大为 8 吨。另外,还有一种用货车牵引装载货物的拖车来运货的系统。这种运货方式可以将每辆车的承载量增加到 12 吨。我下令禁止购入普通的大型货车,将所有车辆拖车化。那一年是 1965 年,东京奥运会后的第二年。

不过,引入拖车的真正理由不在于此。

货车要通过运输货物来获得收入。装卸货物时车辆是停止状态，货车当然无法行驶。反过来说，车辆行驶的时候是无法装卸货物的。所以，虽然我们希望货车一天 24 小时工作，但实际上这是不合理的。

拖车系统则在这一点上显得非常合理。给每辆牵引车购入 3 台装货物的拖车。在起点和终点常备一台拖车装卸货物，牵引车牵引着装满货物的拖车往返于起点和终点之间。这样一来即使中途更换司机，拖车也可以整天工作。

雅玛多在 1965 年引入 1 套设备（牵引车 1 辆，拖车 3 台），开始尝试拖车化。实际运行是在 1966 年，从东京—水户间和东京—高崎间开始的。顺便说一下，1975 年拖车的数量增加到了 55 套。

拖车系统的引入提高了车辆使用率。同时，我还想了各种办法来提高工作人员的劳动生产率。

首先是在 1967 年采用了"接力制"这种运行形态。

提到远距离运输的工作体制，例如东京—大阪这条线路，司机下午出勤，先装货，晚上 9 点从东京出发。第二天早上 7 点到达大阪，卸货之后小睡休息一下。当天下午再次出勤装货，同样在晚上 9 点出发回东京，而后第二天早上到达东京，卸货后工作完成，下班。就这样，不断重复着 3 天一个来回的工作模式。

"接力制"大幅改善了这种司机长时间出勤的工作模式。在东京和大阪正中间，有个叫滨松的地方。上行的拖车和下行的拖车在这里交换牵引车。从东京来的司机在滨松等待从大阪来的拖车，和自己的拖车交换，然后牵引着从大阪来的拖车返回东京。从大阪来的司机同样牵引着从东京来的拖车返回大阪。这样，无论是东京的司机还是大阪的司机，都能够在第二天的中午从工作中解脱出来，下班回家。从而使司机的劳动时间大幅缩短。

其次，是将驾驶任务和装卸任务分离。

运输公司通常会在长距离线路上配备两名司机，在短距离线路上配备一名司机和一名装卸工。总之，每辆车上都配有两名工作人员。这是因为不仅是驾驶，货物的装卸业务也必须由他们来完成。

我认为，为了提高操作的合理性，必要彻底分离驾驶任务和装卸任务。先说驾驶任务，车上只有一个方向盘，配置两个工作人员不是很奇怪吗，而且还会拉高成本。工作人员从车上下来时可以做驾驶以外的事情，也可以休息。但是一旦进到车内，即使是坐在副驾驶席上，那也是工作时间，需要支付工资。

于是，我决定将每辆车的车乘人员减为一人，装卸工作由在各处设置的专职人员来做。问题在于如何提高装卸工作的效率。

货车运输需要在货物装卸上花费大量的时间。如何使之合理化是提高生产率的关键。从经验上看，每装卸 1 吨货物平均花费 15 分钟时间。如果要装卸 10 吨重的大型车的话，每辆车需用时 150 分钟，约两个半小时。

如何能使货物的装卸工作合理化呢？其实有一个方法，就是采用单元货载系统。所谓单元货载系统，是指保管、运输、装卸货物的时候，不是将一个个工作分散进行，而是把若干货物集中起来一起处理的方式。实现这个系统需要专用"工具"。例如，使用货盘的托盘化运输。使用称为托盘的类似木条踏板的架子，将货物组装在上面,用叉车进行保管、搬运。这种方式在日本各地的工厂里广泛使用。再就是使用集装箱的集装箱化运输。将货物放入被称为集装箱的箱子里进行运输。海上运输和铁路运输都采用这种方式。

那么,在货车运输业里可以考虑使用哪种单元货载系统呢?我们可以将拖车视为安置在车上的集装箱。在往拖车里装货时,如果一个一个地放置的话,那么就像刚才描述的那样,载货10吨的车需要花费两个半小时。实际上,雅玛多运输在采用拖车时才第一次注意到装卸工作的成本之大。如果零零散散地装货,就算使用拖车也无法快速提高劳动生产率。

能否想办法改善操作效率呢? 我采取的办法是折叠式笼车。将货物全部放入装有轮子的托盘即折叠式笼车里保管、装卸、运输。我将这种做法定为现场的操作原则。

这种方式,从装载效率的角度来看,乍一看似乎不太合理。将一个个货物放入折叠式笼车内装上拖车,笼车的上下左右都有缝隙产生,因此每台拖车的承载量只占容积率的70%左右。

在货车业界,货车超载经常成为问题,各公司都希望通过每辆车的承载量最大化来提高运输效率。我却下定决心采用会降低运输效率的折叠式笼车方式。因为我想优先提高劳动生产率。

确实,如果只考虑运输效率的话,这种方式很浪费。但是,使用这种将两列各8个共16个笼车放入拖车里的方式,在区区5分钟内就可以全部完成货物的装卸。原来用于装卸的两个半小时缩短成五分钟,大大地节约了人工费。这么考虑的话,装载率降到70%就不算什么问题了。

1971 年,雅玛多运输决定引进折叠式笼车方式。两年后的 1973 年首先在宇都宫分店开始实施,之后使用量不断增加(现在已经拥有大约 45 万台折叠式笼车)。

第二产业和第三产业的经营差异

我将五六十年代在研讨会上学到的提高劳动生产率的方法运用到雅玛多的经营中。我没有停留在这个阶段,继续不断地吸收新的经营理论。

接着我又通过学习,了解了第二产业和第三产业在经营上的差异。学习地点是东京工商联合会所举办的讲座。1973 年,我就任东京工商联合会的常任理事,在东京工商联合会被选为运输部会的副部会长及各委员会的委员。

东京工商联合会不仅召开会议,还举办各种讲座。六七十年代,受到经济高速增长的影响,流通革命得到提倡,商业上同时追求批发、零售的现代化发展。第二产业制造业不断地推动缩短劳动时间,采取周休二日等企业经营的现代化进程,但是商业、运输业等第三产业却落后很多。东京工商联合会以商业部为中心,多次召开了推动缩短劳动时间的会议。

那天,有个通商产业省外围团体的年轻研究员出席了讲座。他突然说出了这番话。

商业的第三产业与制造业相比企业规模小、劳动时间长,感觉不够现代化。但是不用太过在意,这是由产业特质决定的,是没有办法的。

我大吃一惊,赶紧竖起耳朵听。讲座的重点大致如下。

> 制造业商圈广。产品中有很多全国性的品牌。就算是
> 地方品牌,商圈也是区域性的。相较而言,零售业的商圈则
> 非常窄。大型百货公司、超市等都集中在有店铺的城市里,
> 一般就在几公里以内。而且,两者之间根本的区别是:制造
> 业有商品库存,可以在销售上投入时间,而零售业每天都要
> 争个胜负。特别是运输和旅店这样的服务业,不可能有商
> 品库存。今天卖剩下的座位、房间不可能明天再卖。所以
> 必须是小规模、多店铺化。同时,为了防止损失销售机会,
> 不得不长时间营业。但是因为需要长时间营业,所以让员
> 工长时间工作的做法却是不对的。总之,认为第三产业要
> 周休二日、一天八小时工作时间才是现代化经营方式这种
> 想法是大错特错的。

听了这话,我顿时恍然大悟。此前我听过的讲座都是以第二产业的经营为对象的。而且,举的都是美国企业的案例。我学了很多,也依照这种理论进行了实践,可总感觉有些地方不合拍。

其实,我之前也曾听商业方面的讲座。特别是六七十年代,超市作为流通革命的旗手华丽登场,备受关注。当时的热门话题就是东京大学林周二副教授的"流通革命"理论。我当时很认同这个理论,感受到了这个理论带来的刺激。这里概括说明一下林氏的理论。

　　五六十年代,制造业推动了生产的合理化,生产成本大幅下降。相比之下,零售业的价格却没怎么降低,这是因为商品从工厂运出之后的流通成本高。批发市场重叠,城市里的零售店几乎都是家族式经营。要支持低成本的大量生产,就需要大量消费,大量消费又需要大量流通。为了实现大量流通,就必须使流通现代化。具体来说,就是要将零散的零售店转化为大型量贩店。整饬几个层次的批发环节,缩短从厂商到零售店的路径。就像在大浴场卖化妆品和内衣一样,开拓一个全新的渠道。

　　也就是说,拓宽、缩短、增加流通渠道是现代化的支柱。我完全赞同。

　　我们再来看看现在的情况。

　　目前,零售业界竞争愈加激烈。过去,百货公司曾受限于大规模零售商铺法,规定早上 10 点开门,晚上 6 点关门,每周公休一次。而现在,情况已经发生了变化,公休最多每月一次,关门时间也延长至晚上 8 点。

　　银座一带的知名零售店,有不少在全国范围内拥有三位数以上的店铺。当然,不仅是独立的店铺,也包括入驻购物中心的形式,总之是采取连锁经营模式。但是,一旦连锁化,势必缩小每家店的规模。店的规模小了,势必要使店里的商品配置多品种、少量化。

　　这样,每家店铺都必须要同时解决极力减少铺面库存和保持有货状况这两个完全相反的课题。那么,如何才能在减少铺面库存的同时保持有货状态呢? 答案就是在全国范围内拥有可以多品种、少量、高频率地进行商品补给的物流体系。

运输业的情况也是一样的。已经到了摆脱以大规模、大业务量为基础的第二产业式思维,体现第三产业式构想的新型服务的时代了。

物流革新的进展

稍微偏点题,接着讲一讲前一章最后提到的物流。前一章列举了零售业的情况。企业为了在激烈的市场竞争中胜出,必须降低流通成本。流通成本中占大头的是物流成本。在引发流通革命潮流的六七十年代,和流通互为表里关系的物流改革也是必然趋势。那么,什么是物流呢?

构成物流的主要要素是运输、保管、包装、加工、信息。

其中,只要生产地和消费地是分开的,就离不开"运输"。和流通合理化一样,要求采取实现大量运输,缩短运输途径,开发新的运输体系等方法努力降低运输成本。所谓新的运输体系,指的是在远距离运输中运输成本低的铁路、渡船等和两端紧贴客户的货车之间无缝连接,实现门对门运输服务。这叫做协同一贯运输,具体来说集装箱运输就属于这种体系。

"保管"也和运输一样。只要生产地和消费地是分离开的,就是必不可少的要素。不过和以前的仓库长期保存原料、产品等不同,现在仓库的功能已经转换成管理商品库存的商品流通中心。

不管怎么说,运输和保管业务对物流来说是必需的。而"装卸"与"包装"则不是。虽然这两个要素一直是作为必要之物而存在的,但最好能逐渐取消。

"装卸"可以通过托盘化运输和集装箱化运输来去除。而"包装",由于在运输、管理中会碰触到商品,因而必须对商品有所保护,不过随着托盘化运输和集装箱化运输的发展,包装也会不再需要。

"(流通)加工"是指根据发货订单组装货物,统一尺寸。"信息"指的是库存管理相关内容。这些都是流通中本就存在的工作,通过和物流一体化就能体现出合理化的效果。

运输、保管、装卸、包装、加工、信息。在由多个要素构成的物流业务的革新中"系统化"是非常必要的。例如,企业建立流通中心时,必须将保管、加工、信息等物流业务总括起来系统化。只有将物流全过程系统整合后才能降低物流成本。

举一个具体的例子。1967年9月,美国马特森公司的集装箱专用船开始在太平洋航路航行。而我一直没忘记当初听到这个消息时的惊讶。

在那之前,出口货物都是从工厂用货车运至港口,存放在港口的仓库里。货船靠岸后,港口码头的装卸公司派装卸工将货物放入船舱。船穿过太平洋到达美国的港口后,再以同样的方式卸货入仓库保管。然后根据客户的指示,将货物装载在货车上运送到内陆的目的地。

然而,海上集装箱船开始运行后,港口的样子完全变了。仓库从码头消失了,出现了开阔的场地,可将集装箱重叠几层放置。出口货物在工厂放入集装箱内,用货车将集装箱运往港口,放置在堆放场上。集装箱船靠岸后,将集装箱移至船侧,再用起重机吊起来堆放在船上。由于集装箱的引入,在港口工作的大量工人消失了。而此前需要花费 10 天的装卸工作现在一天就能完成，立刻就能起航。

这种钢制集装箱具有划时代意义的一点是，从工厂出货到客户接货，货物在运输过程中完全不改变形态。在工厂装好货的集装箱直接被装上货车，行驶过日本的道路到达港口，在这里变身为仓库，到了船上后又变身为船舱。到了美国后顺序倒过来进行，一直到客户手里才将货物从集装箱里拿出来。商品从出货工厂直至送到消费地的客户手里一直存放在集装箱里，没经过人手碰触，既不需要包装，也能避免装卸中的损失。

看到这种海上集装箱装置，我深切地感受到集装箱带来的合理化的威力。

顺便说一下，依靠集装箱的运输体系，目前不仅在国际运输，在国内运输中也已经普及了。日本铁路货物的集装箱专用直达列车在全国开通，其构成和国际集装箱运输完全一样。最初阶段使用的是从国铁的货车中分离出来的独特的大集装箱，在装载货车时没能体现出合理化的效果。但自从开始使用长 20 英尺的国际规格的集装箱后，很快就在全国推广开来。

美国马特森公司的海上集装箱运营开始于 1967 年秋天。1968 年秋天，随着日本邮船箱根丸号开航，日本开始全面进入集装箱专用船时代。在日本国内，1969 年的春天，国铁开通了东京—大阪间的集装箱专用直达列车。

日本也迈开了物流革新的步伐。但是和流通市场相比，起步较晚，进展也比较缓慢。

在讲座中学到的市场营销/业态/全员经营

最后——这是在开始宅急便事业后听到的——我要说一下深深地影响过我的讲座。

随着物流革新的步伐,运输事业也迎来了现代化浪潮。可是,货车运输业界却几乎没有应对时代变化的意识。于是,我向全国货车运输界的年轻经营者们发出呼吁,以吸收新的信息、学习经营手法为目的,设立全国运输事业研究协会(简称"全运研")。这是 1972 年的事。

全运研除了每月出会报,还每年召集一次会员,选择主题召开"经营研究集会",请来与主题相关的著名演讲人,举办讲座和讨论。

这中间有三个讲座影响了我以后的经营观。

首先,我在流通系统开发中心主任研究员中田信哉(现神奈川大学教授)的讲座中,学到了市场的概念。

1976 年,我在三重县鸟羽市召开的第六次集会上听了中田作的名为"物流市场营销的手法和实际"的讲座,茅塞顿开。在那之前,运输业界从没听到过市场或市场营销这些词语。业界只强调重视作为需求者的客户,可以说是隶属于客户。从业者都说竞争激烈很辛苦,但说是竞争,其实大家都只顾保住小范围内的特定客户,从没考虑过要开拓不特定的客户。市场这样的概念更是完全没有。

为什么全运研要在这个时候邀请中田做讲座呢?

就在当时,通过改善运输系统,东京日本桥的纤维批发商们削减了运费开支。对于运输业者来说,运费降低是很严重的事情。那么是谁帮他们出谋划策的呢? 调查之后发现,中田曾指导过纤维批发商的研讨会。把"敌人"的参谋叫来的话,不就能了解客户们的意图了吗? 于是我们邀请了他。

据中田所说,在流通业界,以市场为基础进行营业活动是很平常的事。他接着讲了这么一段话。

消费者对市场有什么要求呢? 为了了解这些,就要开展市场营销,然后再把它商品化,进行销售。营业活动的核心是市场营销。运输业界却没有市场营销的想法。在外界看来是很奇怪的。

在那之前,货车运输公司在运行管理和劳务管理上很热心,营业活动只限于走访客户。基本上没有考虑过运输的市场,甚至连市场营销这个词汇都不知道。雅玛多运输也不例外。中田所说的"市场"一词在我心里留下了鲜明的印记。

接下来,在流通政策研究所专务理事宫下正房的讲座中,我学到了"业态"这个概念。

1981 年,在长野召开的第十一次集会上,宫下作了题为"不断变化的流通业界"的讲座,要点如下。

以超市为首,流通业界在战后不断诞生新的企业,获得了极大发展。因此,现在已经很难用零售业这个词来概括。各种各样的企业林立,年年面貌更新。其中的关键词就是"业态"。如今提到流通业已经无法避开业态化。

这是我第一次听到"业态"这个词。当时我对新出现的便利店的认识也就是小型超市,听了讲座我才知道,这种便利店和之前的零售业是完全不同的业态。

作为流通革命的旗手,大型量贩店也就是超市备受瞩目的时代已经过去了,新登场备受瞩目的是便利店这种业态。商圈狭小,基本就是一个街区大小。不满 30 坪的小规模店铺格局。全国有四五千之多的店铺。24 小时营业。能立刻配齐家庭必需品的商品配置。为了不缺货,一天补给几次商品。便利店既有零售业的特质,又能够满足消费者需求,可以说构造非常巧妙。

超市的特征是销售便宜货,便利店的特质却是销售方便。我从中学习到,业态不同,经营的理念也就不同。

最后,在上智大学社会经济研究所的筱田雄次郎教授的讲座中,我学到了"全员经营"这个概念。

1977 年,在群马县草津召开的第七次集会上,筱田教授以"全员参与的运输事业的经营"为题做了讲座。

实际上,我几年前曾在东京工商联合会听过一次筱田教授的讲话。实在太过独特,所以我极力邀请教授来做讲座。筱田教授曾在德国留学,基于自己的研究成果和将研究成果运用到日本的经营实践后获得的经验,他主张合伙经营。讲座的要点如下。

所谓共同体经营,即合伙经营,就是经营者和劳动者对等地都为企业活动出力,而成果由两者共同分配。但是和西德的劳动者参与经营不同,共同体经营的中心是共同的认识和共同的劳动态度。

它的特点在于，提高员工主动性，实现自我管理。为此，有必要同时向员工提供经济动态、经营状况、人事等经营上的必要信息，让员工有同样的目的意识。为了提高员工的主动性，必须改善公司内部的交流沟通，活用小团体，分配经营成果。成果的分配需要大家一起考虑，最后由经营者做出决定。问题在质，而不在量。

筱田教授特别强调了交流沟通的重要性。如果把提供给社长的信息同样提供给员工的话，员工也会像社长一样思考、行动。员工推测社长大概会有的想法，于是自发地采取行动，这就是合伙经营。

只是，公司内部沟通交流的难处在于，必须同时将等量信息提供给全体员工。否则有可能会引起没有得到信息的员工的怨恨和对抗。公司内部形成的派系，主流派、反主流派等，都起因于信息传递的不均衡。筱田教授如是说。

运输业的特点，决定了员工在工作的时候必然会外出，离开上司的监督，如果每个员工都能自发、自主地朝着经营目标行动的话就好了。而合伙经营使之成为可能。我对这个主意很感兴趣，马上就开始在雅玛多运输建立"全员经营"的体系。具体情况在第 9 章进行说明。

第3章
市场的转换——从商业货物到个人快递

　　本章将讲述雅玛多运输开始从事，不，是不得不开始从事宅急便的契机——最初提出的多元化战略碰壁，只能将目标从商业货物市场重新转向个人快递市场。

　　战后，雅玛多运输很晚才介入远距离运输市场。当时雅玛多选择了多元化的道路作为改善经营的策略，主要面向综合物流企业。运输事业、百货配送、航空、海运、捆包业务……但是每项业务都停滞不前。公司专注于获得大宗货物，结果也是徒劳，最后连商业货物的货车运输这一项基本业务的收益也恶化了。

　　在雅玛多运输面临危机时，我就任社长。当时脑子里浮现的是完全反向的思维。是否应该将目标市场从商业货物转向个人快递？是否放弃事业体制的多元化，反而应该集中到单一的服务上来？

　　启发我产生这种想法的是吉野家的牛肉饭。

通运、百货配送——迈向多元化的道路

　　雅玛多运输在二战结束后马上恢复了包租货车和固定线路

货车业务。因战后复兴的需要,业绩得以顺利增长。战前完成的东京一带的货车运输网络也于 1949 年大致恢复原样。而 1950 年 6 月爆发的朝鲜战争给我国产业界带来了意外的供求高潮,商品流通愈加活跃,从而推动了业绩的攀升。

战前,雅玛多运输只经营货车运输一项,而且只是在短距离范围内开展运输业务。战后,雅玛多调整了经营战略,朝向多元化发展。

首先,1950 年,开始发展在东京的通运业务。

作为国营铁路工作一部分,通运事业基本上都是远距离运输,特别是作为东海道起点和终点的汐留站的营业许可证具有很大的营业权益。在货车运输领域,对于没有东海道的运营许可,又是以短距离运输为主的雅玛多运输来说,通运许可证就是宝贵的营业实力。1955 年,通运收入就占了公司全部收入的 21%左右。

另一个成为营业支柱的是承包百货公司的配送业务。在这方面,战前我们全盘承包了三越百货的工作,但随着战后竞争加剧,被迫中止了。我们在 1949 年重开了这项业务。并且在大丸百货进入东京的时候,承包了新的配送业务。接着全面接受了伊势丹、崇光、高岛屋等的配送业务,雅玛多运输在关东地区百货配送中占了相当大的比例。1959 年,雅玛多运输的百货配送收入仍旧达到公司总收入的 21%。

不仅是通运和百货配送,雅玛多运输的经营多元化方针针对的是所有的货物运输领域。从 1950 年到 1955 年,雅玛多运输首先取得了海关的货物受理许可证,然后扩展到航空货物、海上货物、港湾货物、捆包业务等各个领域。因此,航空、海运、捆包等新开发的营业领域的收入在 1955 年占到了全部收入的 23%。

这样,战前就有的货车运输的收入占总收入的比例跌破 50%,多元化的初期目标基本实现。

业绩的恶化

雅玛多运输的营业收入因为多元化而顺利增长,经常利润率也在 1960 年度达到 3.1%,成绩越来越好。

不过,问题也随之出现了。作为营业主要部门的货车运输,业绩逐渐恶化。

本来,主要部门能稳定产出利润,其他相关部门再增添利润,这是推动多元化的理想方式。可是,雅玛多运输多元化的最终结果却是用新部门去弥补主要部门的劣势。当然那也有它的意义。不过,新部门没能发展到能取代货车运输这个主要部门的程度。这让人不得不担心公司的未来。

大约从 1970 年开始,公司业绩明显恶化了。多元化的战略也碰到了瓶颈。第二年,我接替病倒的小仓康臣,由专务董事升任社长。

最开始出问题的是通运部门。起因是国铁的没落。

国铁在 1959 年确定了全面使用五吨重集装箱的方针,在东京—大阪之间开通了直达高速集装箱列车。这个列车大受欢迎,雅玛多运输通运部的业绩也因此快速增长起来。但是,因为拙劣的营运战略和劳资关系的恶化,货物受理量无法提高,在遭受 1975 年 11 月的"夺回罢工权的罢工"打击之后,更是一蹶不振。

国铁在 1987 年被分割民营化,转为 JR 重新运营。最后阶段,国铁货物收入 2 000 亿日元,支出 4 000 亿日元,赤字达到 2 000 亿日元。虽然劳资问题是产生赤字的最大原因,但是其结构不涉及营业这一点却不容忽视。

国铁将管理铁轨上的运输视为自己的责任,而将与客户交涉、收集配送等营业工作全部交给通运业者。车站是国铁的设施,货物在那里装卸、编成货车。虽然做的是国铁货物里特有的工作,可是铁道上的业务归属铁道运营法管,车站里的业务却归属通运事业法管,分别受到不同的法律制约,真是荒谬至极。

结果,尽管代理店在营业上很重要,国铁自己却无法选择。通运业者的选定则完全交由运输省决定并授予许可证。于是,国铁有时不得不使用未必有能力的运输业者作为代理店。

像这样选出来的通运业者,在拿到通运许可证之前就在经营货车运输,也就是说是脚踏两只船。通运业者用自己的货车运送有油水的货物,把不方便的货物交给国铁的货车。国铁业绩恶化也就是可想而知的了。当时,有个词语叫做“一成通运”,指的就是通运公司的收入 90%是货车运输,铁路运输的收入只占 10%。

不管怎么说,受到国铁没落的影响,雅玛多运输的通运收入也见顶了。虽说也曾有超过总收入 20%的时候,但在 1975 年已经跌落到不到 10%。本应该挽救脆弱的货车部门的通运部门,反而成了累赘。

接下来百货部门也出现了不祥之兆。

百货公司的配送量和日本的经济成长成正比,每年都在增长。雅玛多运输的百货配送收入同样也应该增长顺利。可结果却令人啼笑皆非。配送量增加反而导致营业利润逐渐减少。

百货公司的配送量在中元和岁末的时候会增加到平时的7～8倍。平时仅由公司员工处理业务，一到旺季就要临时雇用5 000人以上的学生来应付庞大的货物配送工作。临时借用空仓库作为配送站(中转站)，按照学生的人数借自行车去投递。这就是我们多年来的做法。

按这种方式做生意，所需固定成本极少，基本上都是变动成本，保本点很低。这种构造导致平常的月份里几乎没有利润，利润集中产生于7月和12月两个月。

但是，随着出货量的年年增加，需要常设配送站，公司也需要配备一定数量的自行车。平常的月份肯定是赤字，要靠盂兰盆节和年末这两个月的利润来填补其余10个月的亏损。

这时，1973年发生的石油危机造成了巨大影响。我在绪言里曾经提到过，最大的百货公司三越百货要求我们降低配送费用，而且，三越为了经营合理化关闭了东京都内的两所配送中心。我们则被迫以每年6 600万日元的租金租借其中一所，实在是令人难以承受。仅仅是三越事务所，就造成了1亿日元以上的亏损。

更严重的情况发生了。连作为主干业务的货车业务也碰壁了。

雅玛多在战前的事业以短距离运输为主，因此战后运输费用并没能随着货物处理量的增加而增长，只能旁观其他同行在长距离线路上大赚特赚，抱怨自己不走运。

1960年，期待已久的东海道线终于开始营业了。但是，和关东相比,雅玛多在关西的知名度很低,所有客户都已经被其他公司抢走,很难获得业务。就算收齐了从东京运往大阪的货物,返程时却很难收到货物。我们和先发的公司之间拉开了近十年的巨大差距。我无法忘记那种后来者的悲哀。

我们希望东海道线的开通能帮助扭转货车运输部门的业绩,结果却没起到什么作用。因为像雅玛多这种后发的运输公司想要收集货物,只能依赖运费便宜的大宗货物。

固定线路的货车业务在主要城市里建立中转站,在各站之间定期发车收集小宗货物运送。所以,大型设备投资是必要条件。通过大量收集运费相对较高的小宗货物混装运输,获得比起包租运费更高的收入,赚取差额是它的基本结构。

另一方面,装载大宗货物的包租业务原本是作为区域运输事业发展起来的,不需要中转站。把它作为线路业务来做的话,当然没有设备成本的负担,但也产生不了利润。在远距离运输上这一点特别明显。不过,我们也不能让大阪回东京的车放空。结果就只能运送运费和包租差不多便宜的货物。

主要部门货车运输部门的收益恶化,是关系到公司命运的问题。1970 年 8 月,我们制订了以当年为初始年度的五年计划。其要点如下。

1. 在扩大均衡性的基础上,积极谋求扩大经营。

2. 在服务公用运输的同时,发挥综合物流业者的特色。

3. 终极理想是,永远以合适的价格在客户希望的时间、

希望的地点、希望的数量上向客户提供服务。

我有个一贯的主张,觉得如果持续减少均衡性,企业的存在就会被否定。所以我把扩大均衡作为计划的基础。我意识到满足客户任何形式的物流需求的好企业不过是个幻想。

按照五年计划强化营业后,货车部门的收入实现了每年25%的增长率,但 1973 年的石油危机导致了大幅的减收减益。于是我们在 1974 年实行了紧急危机对策。停止聘用新员工,同时减少临时工。1973 年公司共有员工 6 500 名,1975 年减少至5 500 名,裁员约 1 000 人。(当时没有解雇任何一名工会成员,这为我们赢得了工会的信任。后来,开展宅急便时也得到了他们的帮助。)

无论如何,削减人员始终是紧急避难的对策。正是货车部门和通运部门业绩的快速恶化,让我深切地感受到制订根本性对策的必要性。

70 年代初期,为了维护大型货车运输公司的尊严,公司下令,以扩大营业为目标,无论是大宗货物还是小宗货物,无论是长距离还是短距离,公司受理所有的货物。但是,其他公司能赚钱而雅玛多不能赚。我认为,这不单是因为营业努力不足,更多是结构上的问题。正如我在第 1 章里提到过的,雅玛多运输受理的多是大宗货物,其他公司受理的小宗货物更多一些。

1972 年 10 月,已于前一年就任社长的我,通过了社长室企划科提出"多品种少量运输的体系构想"这一提案。但是,相比之前总部下达的面对指向大宗货物的指示,新的方针来了个一百八十度的转变,很难让大家接受。

两个市场

运输业的市场大致分为两个。一个是从生产到消费的商业货物运输市场。大批工厂每天制造出大量产品。为了把它们作为商品出售给消费者,产品制造出来后要进入流通阶段。在流通过程中,经过全国批发商和地方批发商、一次装卸、二次装卸以及多个流通业者的手进入零售店。这期间,每次交易,商品的所有权都会向下一站转移。这就是商业货物运输的市场。

另外还有一个运输市场。这个市场和商业交易完全无关,比如说乡下的亲戚给住在城里的人送蔬菜,单身赴任的人给家里寄衣服等,是个人生活中偶然产生的运输需求。

前面举出的商业货物运输市场,是随着产业活动必然产生的支撑流通活动的物流大部门,占据着非常重要的位置。它的特点是,每天或每个月固定量的出货(往返的),由客户决定运输途径(固定模式的),运输批量是中或者大宗(大量的),便于运输业者处理。货车运输公司的业务几乎完全在这个以商业货物为对象的运输市场上开展。

这个工作根据运输物的种类分为几种业态。汽油类的油罐汽车运输,水泥、谷物类的粉状物运输,混凝土搅拌车,钢材类的重物运输,土沙类的翻斗车运输等,通过使用特殊的车辆来划分业态。一般的杂货,根据运输业态分为包租运输和小宗货物累积运输,这个领域从业者众多,竞争非常激烈。

另一个是和个人生活相关联的运输市场。包租运输和小宗货物运输的需求不同。包租的代表是搬家,这个领域一般的货车运输公司多有参与。

相对比,货车从业者几乎没人加入小宗货物的运输领域。原因是无法掌握什么时候、哪个家庭会需要服务(偶发的),货运到哪里也不确定(非定型的),无法掌握这种需求。

70 年代初期,面向个人市场开展业务的只有邮政局。民间企业无人参与,理由是明显不合算,而且书信受邮政法保护,禁止邮局以外的企业的参与,一旦违反将被处以三年以下的徒刑。

雅玛多运输在前面的商业货物运输市场开展营业。固定线路货车虽然支持运送不特定多数的小宗货物累积运输,但对象始终都是商业货物。就在这个商业货物运输的市场上,雅玛多运输竞争失败了。

70 年代初期,全国约有四百几十家线路货车运输公司。相比销售额,营业利润率为 7% 以上的公司属于 A 级,5% 以上的属于 B 级,2.5% 以上的属于 C 级,亏损的公司属于 D 级。这样看,雅玛多运输属于 C 级,不久可能就会跌落到 D 级。如果是因为经济不景气,全国的同行们都是赤字的话,那无话可说,可是竞争对手在赚钱而自己的公司却是赤字,作为社长我确实难以忍受。当时,我日思夜想的就是如何能够使业绩好转。

雅玛多与其他公司相比,有一大不利因素。

雅玛多运输的总部在东京。但是,除去日本通运和西武通运,线路货车运输公司的总部都设在地方上。西浓运输在岐阜县大垣市,福山通运在广岛县福山市,多纳米运输在富山县砺波市。像雅玛多这样总部设在东京且工会非常强大的公司,基本工资怎么都比其他公司要高。平均每月基本工资大概要高出

5 000日元吧。运输业是劳动密集型产业,员工众多,人工费在成本中所占的比例将近 60%。工资高 5 000,一般是难以赢得竞争的。

雅玛多所处的环境绝对不容乐观。在商业货物运输市场已经成为"败犬"的雅玛多运输,无论今后如何努力经营,业绩好转的可能性都很小。索性改变工作,把目标定在新兴市场上不是更好吗? 脑子里出现这种想法后就摆脱不了了。

对个人快递市场的关心

想到要改变工作,脑子里立刻就浮现出第二个市场,也就是个人货物的快递。拥有百货配送经验和技术的雅玛多运输应该能够加入进去。

百货配送曾经是雅玛多运输的利润之源,是公司的金库。但正如前面说讲的,中元、岁末期间的货物出货量异常增加,和平时的差异实在太大。以平时 10 个月的工作量,实在难以维持为了应对旺季工作而扩大的规模和由此带来的设备成本的提高。

在百货配送比较空闲的时候,我们也曾寻找过有没有适合百货部做的事情。但是,所有的工作都是盂兰盆节和年末的时候忙,没什么只要平时做就好的工作。即使如此,与相当于平时的 7~8 倍的百货公司年末的出货量相比,个人发货的快递工作就算是在盂兰盆节最多也不到平时的 2 倍,有考虑的余地。

但一到具体构思时,很多问题就出现了,让我犹豫不决。当时一手承担个人小包裹快递业务的是邮政包裹业务。国铁也有小货物运输,但由于国铁已经背负巨额的累积赤字,所以确定了废除小货物制度专注于集装箱运输的方针,所以事实上是邮政包裹垄断了市场。

竞争对手只有邮局。毫无疑问这是个非常有魅力的市场。话是这么说,实际上却没那么容易进入。这点我们也很清楚。民间无人进入肯定有它的理由。那就是核算的问题,无论谁做都无法做到收支平衡。所以邮政包裹被视为国家的垄断事业,战后通过几次提价来维持着。

我认为任何事物都有两面性,既没有只有优点的东西,也没有只有缺点的东西。天气好的日子心情好,但时间长了就会干旱。持续下雨会心情忧郁,但水库里蓄满水后就不用担心闹水荒。

在运输市场上也是一样的。商业货物市场总是有需求的。和特定的客户签约就能够得到稳定的收入。不过激烈的竞争使得价格降低。而且还必须做好客户用远期票据支付的准备。但是事业能够持久安定就是很大的优点。

另一方面,基于个人生活的小货物快递需求多,完全是偶发性的,难以捕捉,事业不安定。而且在上门取件之前是不知道送货地点的。为了一件货物就要查门牌号找到客户家里,送货地址有可能是青森,也有可能是鹿儿岛。无法预计花费多少成本,也不能比邮政包裹收取更高的费用,岂止是不赚钱,肯定会出现赤字。

不过,也不是只有坏的一面。家庭主妇不仅不压低运费,还会支付现金。但就算如此,在当时比较下来还是缺点大一些。

只是,虽然我们已经跌落到了 C 级,但战前雅玛多的名头在关东地区还是很受市民青睐的。一想到这是公认的日本第一的货车运输公司品牌,我就心潮澎湃,希望能在个人快递的领域里扬名。

私下里也有些考虑。本来,固定线路货车是以不特定多数的客户为对象的公用事业。可是,雅玛多的情况是,春季罢工斗争导致基本工资上涨,人工费高涨,只能运送家电厂商等大客户的货物。在这个过程中,公司抛弃了不合算的个人业务。作为货车运输公司的经营者,我感到很抱歉。赚不到钱就放弃是不是太没出息了? 努力做下去不应该是经营者的坚持吗? 一说起企业家灵魂,大家觉得很帅气,那是因为其中充满着经营者的浪漫和追求梦想的精神。

学习吉野家精简菜单

大家都知道做牛肉饭的吉野家吧。在思考新业务的时候,我想起了以前《日本经济新闻》上登载的关于吉野家的报道。吉野家经营牛肉饭。报道称他们将菜式繁多的菜单精简得只剩下牛肉饭。

我不太清楚餐饮业的情况。不过,战后曾经流行过札幌拉面。战前提到的 soba 指的是日本荞麦面,而战后提到的 soba 指的就是拉面了。年轻人喜爱拉面。很多日本荞麦面店的菜单里也加上了拉面。随着客人嗜好的改变,菜单里增添新的菜式也是理所当然的。

但是,吉野家撤掉了牛肉饭以外的所有菜单,只做牛肉饭。

这么大胆的想法太让人吃惊了。

想吃牛肉饭以外的东西的人不是就要去别的店了吗？这也能行吗？外行人的想法不由自主就冒了出来。但是，正因为只做牛肉饭，所以能以低价购买到优质牛肉，从而获得味美价廉的评价。菜单上只有一个菜，也能保证及时上菜。而且店员可以雇用一般的打工者，压低人工费。得益于这些措施，吉野家的客人增加了，收支状况也很好。

我认为一家优秀的货车运输公司，无论货物量大或是量小，无论目的地是哪里，应该都能以低廉价格运送，让顾客满意。我相信，只要朝着这个目标努力，就能从业界脱颖而出，成为顶尖的企业。

在我思考如何挽回在商业货物市场竞争中的失败时，无意中想到了曾经读过的关于吉野家的报道。成为能运送任何货物的优秀货车运输公司这个方向有没有错呢？它是否只是个抽象的理论呢？具体说，我们是否真的能成为这样的公司？或者还是像吉野家一样下定决心削减业务，索性将公司改造成只受理个人小货物，甚至是只能处理小货物的公司比较好呢？受理面广、能处理各种业务的公司和受理面窄、只能处理一项业务的公司，哪一种更具可行性呢？

吉野家开发了一种新的业态"专注于牛肉饭"，开展连锁经营，使企业逐渐兴旺起来。而雅玛多运输擅长的领域从来都是小货物，是来自亲近消费者的小型企业以及家庭的包裹。索性下定决心改变目标市场，削减菜单，开发新业态，也许能够开辟新的道路。1974年左右，我开始认真考虑这件事情。

第4章
通往个人快递市场的道路

个人快递市场可以说是邮局大本营。我们如何才能进入这个市场呢？本章将解说我们是如何开始假设，考虑开拓这个未开发的市场，并最终确定商品化的。可以说，这里记录了发明宅急便这种业态之前的各种摸索尝试。

虽然除邮局以外没有竞争对手，可是和商业货物不同，个人快递无人愿意受理是因为它有不少缺点。什么时候、什么样的包装、运到哪里都是未知数，收件和配送的效率极差。我的工作就是敢于怀疑这些"常识"，反过来思考如何才能在这个市场实现高效的收件和配送。我的假设是如果能构筑全国规模的收件配送网络，这就能成为一门生意。

停在曼哈顿十字路口的 4 辆 UPS 的集配车(收件配送用车)使我确信了自己的假设。

缺点对策

为什么没人开发个人快递市场呢？那是因为对运输业者来说缺点太多了。

　　商业货物每天从固定的制造工厂、批发商的仓库等地发货，送货地也是定好了的。比如说，松下电器的产品送往松下专卖店，东芝的产品送往东芝专卖店，都是沿着固定途径运输。每次的出货量都很大。即使量少的时候，也没有只送一件货的。出货工厂的所在地事先都知道，要去的仓库的地址也知道。这些条件齐全了，运输业者只要配合客户就可以了。作为客户的合作者，考虑更高效的方法，每天开展业务，就可以顺利做成生意了。

　　相比较而言，个人的快递每天出货的家庭都不一样，送货地点包括所有有人居住的地方。正如前面所说的，商业货物是定型的、反复性的，而个人快递则是偶然的、非定型的。哪里有需求，需要多少，完全无法预测。而且，运送对象就只是一件包裹而已，效率很低。确实，此前完全没法考虑收益率。当时，这被视为业界常识。

　　雅玛多却不能被陈旧的常识给套住。既然在商业货物市场竞争失败，需要改换门庭寻找新市场，那就不能因为担心缺点而不采取行动。那么，怎样才能抑制缺点呢？

　　经营者的工作就是思考这些问题，想到方法并付诸实施。竞争对手除了邮局外，没有一家民营企业，想要称霸市场并不只是梦想。

　　问题是需求有多大。于是我决定去调查个人快递市场的大小。我让雅玛多运输的员工去调查东京中野区中央一丁目和二丁目的约两千户人家每年寄出多少个包裹。那边是青梅街道沿线的住宅和商铺混杂的地带。调查结果显示，每户人家平均寄出两个包裹，基本使用邮政包裹业务。

我们推测实际的件数比这个要多得多。因为自己打包送到邮局是件麻烦事,所以在盂兰盆节的时候,那些人家经常是在百货公司购买礼品,然后委托百货公司递送。

那时,邮政包裹一年受理约 19 000 万件,国铁小宗货物受理约 6 000 万件。既存的小宗货物运输机构受理的总件数估计约有 25 000 万件。假设一件收费 500 日元,那么市场将近有 1 250 亿日元。这是个相当大的市场,规模足够雅玛多运输生存下去。

个人快递市场需求量相当大。这个我们知道。但是,怎样才能将不知道什么时候、从什么地方冒出来的需求转化为雅玛多运输的工作呢? 我们陷入了思考中。我们不知道该如何处理偶发的、零散的、一次性的运输需求。

邮政包裹是让大家将包裹送至大家都知道的邮局窗口,而雅玛多运输无法要求一般市民将包裹送至某个窗口。一般人也不知道雅玛多运输的分店设在哪里。

怎样才能收集到个人货物呢? 想要进入市场就避不开这个课题。收集货物本就是货车运输公司的根本。商业货物知道客户所在地,可以上门收件。但就算个人快递用户打来电话也很难处理。找到打电话来的客户家里就要耗费相当的时间。

一定要想办法把它事业化,可是计划迟迟出不来。绞尽脑汁思考的过程中,我突然产生了一个疑问。个人的快递需求真的是偶发的、零散的吗?

这个疑问发展成一个假设。人们在生活需求中产生的运输需求,从单个人来看的话是偶发的,合起来看的话,一定量的物品一定是朝着一定方向流动的。只着眼于单个需求时找不到应对的方法,一旦将眼光瞄准集体流动的话,不就能找到应对之法了吗?

我想,如果坐在飞机上从空中俯瞰的话,肯定每天都会有一定量的小货物从中野区之类的地方流向大阪、札幌或是仙台等地。那么,怎么才能抓住它们呢?

商业货物运输,举例来说,就像是拿着一升大小的斟去工厂,将斟里盛满豆子,再一斟一斟地运送。相反,提到个人快递运输,就像是将铺散一地的豆子一颗颗捡起来,然后再开展工作。不去捡就不会有进展。

怎样做才好呢? 比如说,不再派遣配属于中转站的 10 吨重货车去工厂收集货物,而是在住宅区设立小型营业所,再由营业所派出 10 辆货车,勤勤恳恳地在周边住宅区和商店等地收集包裹。这样的话行吗?

商业货物就像是汲取池中蓄着的水,无论是使用水桶还是使用水泵,将水汲入铁桶运走都是很简单的。而个人快递的包裹就像是地下水,无法从地面上伸手够到,所以乍一看不知如何汲水。但还是有办法的。在扎在地面上的管道上系上软管,再用水泵吸上来。这样就可以汲水,接下来,只要移到铁桶里运输就可以了。

于是我想到要设置代理店。委托酒行、米店等家庭主妇们熟悉的商店做代理店。主妇们可以将快递包裹送至代理店。雅玛多运输再派遣收件车在各代理店之间巡回,将货物集中到营业所。

当然,要按照每件包裹多少钱付给代埋店手续费。成为代理店的酒行、米店能得到实惠,不费力就可以得到副业收入。客户也能得到好处。考虑到客户特地将包裹拿到代理店所费的工夫,运费要比上门收件来得便宜。最重要的是,雅玛多运输得到了有效收集包裹的好处。可谓三方得利。

实际上,在宅急便开展之后,代理店制度得到了酒行的欢迎。酒行在本业销售酒和调料上,为争取固定客户而展开了激烈的竞争,平时难得有客人购物。不过,我们听说有很多客人将宅急便的包裹拿到店里时,觉得只让店家帮送件包裹有点不好意思,就顺便买点酱油什么的。从这一点上看,当时米店的客户比较固定,不太有这种通过代理店的关系提高本业销售的好处。

近年来,便利店积极加入代理店的行列,截至 1998 年 3 月底,全国宅急便的代理店达到 29.7 万家。顺便提一句,全国范围内邮箱共有大约 16 万个。

关键是配送网络

开拓个人快递市场需要的不仅仅是从各个家庭收取包裹的代理店。全国规模的配送网络更是不可或缺。

个人快递包裹的特点是要送到全国各个地方,这和商业货物有所不同。商业货物是随着交易产生商品的流动,最终目的地是位于商业地区的商店。这个可以根据具体情况来应对。当然也有例外。有时,会有商品直接送到消费者个人手中。但这种情况很少见。而我们必须要事先构筑好配送网络,才能将客户的包裹寄送到分布在全国范围内的亲戚、朋友手中。没有这个体系,我们就无法处理个人快递业务。

那么,具体地说,我们应该构筑怎样的网络呢?

有个词叫做"辐射状交通系统",是民航旅客运输中的常用语。例如,想从日本去美国的某个地方城市,首先要从成田出发去搭乘航空公司的"中枢机场"。不同航空公司的"中枢机场"会有不同,可能是芝加哥,也可能是洛杉矶或达拉斯,总之是大型的中枢机场,每天都有来自日本的航班。这个中枢机场同时有各航空公司飞往全美各地的转接航班,在这里可以转乘合适的航班,很容易就能到达目的地。这个转接航班总称为"辐条"。

以大型机场为中心枢纽,航班呈放射状延伸至各地的支线机场,形状酷似位于自行车车轮正中心支撑车轴的轴心和以此为中心向外呈放射状延伸支撑轮胎的辐条,所以被称作"辐射状交通系统"。

在个人快递市场也可以考虑使用同样的系统。首先,在各都道府县至少设置一个中枢作为运营车辆的基地。在人多货也多的东京、大阪等地有必要设置两到三个。雅玛多运输内部称为基地(B)。每晚在这些基地之间有大型货车来回运行。基地作为收集地方客户包裹、配送送达包裹的营业据点,下辖 20 个左右的中心(C),这就是"辐条"。中心(C)还下辖有专门受理收件的中转站(D)和代理店等。

从客户处收到的包裹首先从中转站集中到中心,然后送到基地,按区域分类。分好的包裹放入货箱装上大型运营车,再运往目的地所属的基地。这种 B—C—D 网络顺利运转的话,任何包裹都可以配送到全国各地。这就是我的构想。

构建好运输网络就可以向全国配送包裹。问题是雅玛多能不能创建出我所设想的那种全国性运输网络。

我最先思考的是如果在各都道府县设立一个基地的话,那么要配置几个中心呢? 我试着做了一个假设。

日本的面积有 37 万平方公里。无人居住的山岳地带和湖沼与快递无关可以除外。收集全国有人居住地域的二十万分之一的地图，以 20 公里为半径画圆会有什么发现呢？之所以将半径设为 20 公里，是因为集配车平均时速能跑 40 公里，接到收件电话后能在 30 分钟内到达的距离估计是 20 公里。我的想法是，这个圆的数量是否就是需要的中心的数量呢？

但是，实际开始运作后发现这个工作非常辛苦。假设的构建方法很不好。有没有更简单的方法呢？我去查了一些和市民生活相关的设施的数量。

我们的竞争对手邮局又是怎么做的呢？负责收集配送业务的邮局全国共有约 5 000 所，相当多。但是邮政包裹业务仅仅是邮局工作的一部分，邮局的主要业务是寄送书信。如果只是包裹业务的话应该不需要 5 000 所。所以我决定不要拘泥于这个数字。

接下来是公立中学。全国一共有 11 250 所学校。不过，原则上公立学校可步行上学，所以数量当然就多了。这也不能作为参考。

最后是警察局。全国大约有 1 200 所。感觉上少得有点出乎意料，不过它的作用是维护治安，有需要的话应该会更多的。这个可以作为参考。如果 1 200 所警察局就足够了的话，雅玛多运输为快递业务而建的营业所达到这个数字也就足够了吧。于是，我们将中心的目标定为和警察局一样的 1 200 所。

还有其他的问题存在。就算我们制订了建设网络的计划，雅玛多运输是否拥有实现这个计划的能力呢？

首先，需要设备投资的资金。再狭窄的基地也需要 16 500 平方米（约 5 000 坪）的用地。全国需要建 50 所基地。财政上能否撑得住？不过,担心也无济于事。某种程度上,我们已经拥有用于商业货物运输的集散站设施,我打算花几年时间逐渐加强建设。中心的占地面积需要 1 000 平方米到 1 500 平方米,几乎全部需要新建,负担非常大。这部分全部通过租赁来应对。资金上只要押金和保证金就可以了。想想办法总是能做到的。

比这更困难的是经营许可证的问题。限制货车运输的道路运输法实施至 1990 年 12 月,没有许可证就无法开展业务。1990 年 12 月开始实施新的货车运输事业法,虽然在许可制度上有变更,但如果没有原来固定线路货车运输经营许可的话,就不能开始营业。

在宅急便开始之前,雅玛多运输的线路许可范围只到东北地区的仙台、东海道的大阪、山阳道的福冈,在仙台以北的东北地区和福冈以外的九州地区都无法营业。因此,有必要获得新的许可证,而这又是非常困难的。没有办法,只能按照正规手续去申请。法律修改后问题得到了解决,不过那之前和运输省的斗争非常辛苦。本书将在第 8 章再作详细描述。

顺便说一句,1976 年刚开始宅急便业务时,网络中基地占45 个,中心达到 900 个。到 1997 年时,在全国范围内百分之一百开展了服务。那之后又扩充了网络,在 1999 年 3 月的现在,将基地增加至 70 个,中心增至 1 767 所,中转站增至 238 所,合计共 2 075 所。

网络事业的特征

在考虑进入个人包裹运输这一新市场时,最大的问题就是能否盈利。

可以运送大量货物的商业货物运输被视为理所当然能盈利,而从个人住宅出货的个人快递事业因为只是收取一件包裹递送,工作效率极低,怎么想都觉得会出现赤字。一旦全国性的小包裹运输网络形成,就可以开展业务,这是可以想到的。不过,如果注定亏本的话,我们做这件事的目的到底是什么呢?

我们就网络事业的盈利进行了思考。电话可以说是网络事业的代表。

最初是从国营企业开始,经历过"电电公社(电信电话公司)"阶段,现在则变成完全民营化的 NTT。如今,手机爆发式地普及开来,形成一股热潮。这个暂且不提。战后一段时间内,并不是每个家庭都有电话的。安装电话时,用户必须购买债券,立电线杆,主要用于工作。逐渐,电话普及各个家庭,当然使用度也得到了提高,晚间,孩子们开始打电话聊天了。电话成了赚钱的行业。

我认为早期的电话事业同样是黑字(盈利)区域和赤字区域共存的。有个词叫"交叉子公司"(cross subsidiary)。在企业内部,网络事业可得到内部补助。赤字部门由黑字部门填补。总计有盈利的话就算赚钱了。

个人包裹快递事业正是以这个"交叉子公司"为前提,从网络整体来看待收支状况的。在起始阶段,构建网络花费了成本,使用度尚低的时期收入也少,肯定会产生赤字。网络完成、使用度提高后收入增加,超过保本点就可以盈利了。

个人快递业务不一定因为效率低下就无法赚钱。不超过网络的保本点确实是无法盈利。但只要货物不断在网络上流动,就一定会超过保本点盈利。这是我得出的结论。

但是什么时候才能超过保本点呢？这个问题不弄清楚的话,不安就会持续。就算摆酷放言要加入新市场,实际上也很难迈出事业化这一步。

在曼哈顿收获信心

雅玛多运输同时还要处理国际航空货物。1971 年 4 月,公司在纽约开设了营业所。为了视察和指导业务,我出差去了纽约。

海外旅行者的经典路线——登上帝国大厦的瞭望台,俯瞰市内后回到地面上。就是在那个时候,我站在十字路口随意张望,发现以十字路口为中心停着四辆 UPS(联合包裹服务)的车。

UPS 是美国最大的运输公司,后来在 1986 年和雅玛多运输缔结了业务合作协议。但当时,因为他们是美国先进的货车公司,每次去美国时能做的只是去拜访请教。

纽约的十字路口附近停泊着四辆 UPS 的集配车。看到这个场景,我脑子里闪现了一个念头。虽然网络的收支是否超过整体保本点是个问题,但不是还有以集配车为单位的保本点吗?

网络事业的收支是构成网络的集配车辆的收支总和。从集配车辆的收支来看,每天的成本随着行走距离多少发生变化,但人工费、燃料费、修缮费、折旧费等大致是固定的。可以说问题的关键在于工作效率。每天究竟能收集发送多少包裹? 而工作效率取决于车辆负责区域的大小。

纽约的十字路口停着四辆 UPS 的车,意味着市内每个街区配属一辆货车。同样的方式放在日本会怎样呢?

东京都中央区面积大约 10 平方公里,不太大,但只用一辆集配车难以覆盖全部区域。中央区分为银座、京桥、日本桥、筑地、月岛等五个地区。如果每个地区各由一辆集配车负责的话,应该勉强能够完成收发件工作,不过每天能做的工作量是有限的。

那么,如果车辆增加一倍会怎样呢? 每辆车负责的区域就能减少一半,因此收发件的效率就能提高一倍。如果事业开展顺利,车辆的数量达到 10 倍的话,负责的区域就能减少到 1/10。在面积 10 平方公里的中央区里配置 50 辆集配车,意味着每辆车负责的区域为 0.2 平方公里。范围缩小到这个程度的话,一辆集配车一天应该能处理 100 件左右的包裹量。

虽然很难弄清楚网络体系整体的保本点是多少,需要多少年才能超过。但每辆集配车的成本是很清楚的,每天处理多少件能超过保本点也是清楚的。恐怕需要四到五年时间才能够盈利吧。

个人包裹快递肯定能够赚钱。问题的关键在于如何增加每辆车的收发件数。我确信,我们转向新市场也能够赚钱。

稍微离题一下。在刚开始宅急便业务的时候,由于集配车的司机不够,有的营业所分包给当地的小型运输业者,让他们去配送包裹。我严令禁止这种做法。理由有两个。

第一,我们认为宅急便的驾驶员不单单是司机,还应该是推销员。驾驶员如果不能亲切和气地待客、收件的话,宅急便就无法立足。所以我们严令,即使要分包,在第一线接件的也必须是公司职员。

　　第二,宅急便的盈亏取决于集配车的出车率。即使初始阶段效率低下出现赤字,只要包裹量增加,收发件数提升就能盈利。如果我们依赖于签订的分包协议,许诺每配送一件就支付多少的话,提高效率获得的利润就全部归了分包商。

　　我们花费了两年时间,终于成功地解决了收发件业务的分包现象。

　　另外,1999 年 3 月,东京中央区全区域的宅急便处理件数达到了发件 61 万件,到达 46 万件,一个月的发件和到达件数合计107 万件。这是由 9 个中心、6 个中转站来处理的。配属的集配车达到 168 辆。每辆车每天的收发件数平均为 205 件。中心配备有车辆,中转站没有配备车辆,而是用手推车在客户间巡回走动。中央区的银座是包裹很多的地段,从银座一丁目到八丁目,这么狭窄的区域里配属了一共 21 辆车每天巡回。每个丁目的平均比例是 2.6 辆。我们完成了比在纽约街头看到过的一个区域一辆 UPS 车密度更大的工作。

第2部

服务创造市场——宅急便的经营学

　　我提出的将目标锁定到个人快递市场的提案遭到全体管理层的反对。

　　但是雅玛多运输已经没有退路了。我们依靠工会的加入组织了团队，从消费者＝家庭主妇的立场来考虑，努力推动宅急便的商品化。虽然花费了成本，但只要能提供优质服务，消费者就一定会增加。我们提出"服务优先，利益靠后"的口号，开始发展宅急便事业。

　　成功最大的关键在于工作在第一线的驾驶员们。运送的包裹经由他们直接交给客户。他们能否像足球场上的前锋一样，作为工作现场的核心成员来工作呢？公司解散了以前的金字塔形组织，重新制定"全员经营"的目标，使全体员工能共享信息，从而引发员工的积极性。同时，通过建设宅急便的全国网络和配备信息系统、开发集配车辆等来推进彻底的业态化。宅急便的服务内容不断扩大，增加了低温宅急便(引入温度管理)、滑雪宅急便、高尔夫宅急便等。宅急便获得了飞速的增长。

　　可是我们却碰到了意料之外的障碍。落后于时代的行政法规阻碍了网络的扩大。于是我起诉了运输大臣。

第5章
宅急便业务的开发

　　以个人快递市场为目标的宅急便到底是按照怎样的步骤发展起来的呢？本章将就此进行阐述。

　　在面对个人快递市场的挑战时，公司以一定要获得利润作为判断基准来制订计划。如果风险过大，就会招致公司干部的集体反对。但是，我得到了工会的支持和全体的同意，确定了产业化发展。重要的是，作为第一决策人，我判断它能够成长为盈利事业，并费尽心思去研究我们应该将它发展成什么形式，才能真正使之盈利。宅急便就是努力研究的成果。

　　宅急便将普通人也很容易理解的各地区统一收费和翌日送达作为卖点，在货车运输行业里第一次将"商品化"作为目标。

　　事实上，宅急便的"商品化"是受到了日本航空的启发。日本航空成立的旅行社首次在国内将"旅游"这种没有具体形态的服务作为"商品"推销出来。

全员反对

　　新的市场——个人快递事业以个人向个人寄送的小包裹为

对象,被不确定的多人使用。它拥有深受国民支持等优势,同时,也具有预算收支不确定等缺点。

我们在检查验证这些缺点并思考对策之后得出了结论。我们认为,如果不拘泥于旧的运输公司的做法,而是组建新的结构的话,应付起来也不是那么困难。我确信,目前不盈利的状况完全可以克服,只要努力就一定能够发展成盈利的事业。

因此,我们在公司内部通过个别磋商,讨论新事业的开展。但是,董事们的反应却很悲观。这些董事们的脑海里还残留着从百货公司配送货物中得来的教训。对于以前的雅玛多运输来说,百货公司配送曾经是金库。但随着成本的增加,却几乎出现赤字。

百货公司配送从日本桥或新宿的百货公司直接出货,避免了收集货物的麻烦。与此相反,从东京23区的每个市民家中收集单件货物是非常辛苦的。全体管理层的反应都是做这样的事业的话,赤字是无法避免的。

我提出了反驳意见。

百货公司的配送为了应对超过淡季10倍的旺季的出货量,导致淡季时也要负担过多的设备,成本自然会提高。与此相比,据推测,个人间的快递需求量最多为两倍,因此不用为过多的设备成本而烦恼。另外,百货公司的配送是购买商品的附带服务。假设客户购买商品的单价为每件3 000日元的话,每件商品最多能负担120到150日元的运费,而一般的上门快递的负担能力大约能达到500日元。

但是,效率极其低下的个人快递业务绝对会产生赤字——这样先入为主的想法很难根除,当初董事中没有一个人表示赞成。我抓住包括公司会议在内的所有机会,宣传我对新事业的构想,但没能得到预期的反应。这个时候,从意料之外的地方传出了声音:社长这么执着的话,那我们就认真地考虑一下吧。说出这些话的人,居然是工会干部们。他们是真的担心雅玛多运输的经营陷入危机。

原本董事、部长等经营管理层们应该对公司的现状和未来进行思考,并抱有危机感,但是情况未必如此。职业经理人很容易人云亦云,缺乏责任心,有随声附和他人思考和行动的倾向。早晚总会有办法的,类似这样的拖延症似的思维方式广泛存在。而工会的干部经常和一线员工接触,能直接感受到公司的实际状况。同时,通过每年三次和公司交涉谈判的机会获得各种数据信息,也使得他们能更好地把握住公司的现状。所以,他们能真正敞开心胸聆听我提出的关于打开新市场的提案。

这里是有一条伏线的。1973 年爆发了石油危机,雅玛多运输因为运输需求的锐减而面临缩小规模以控制收支平衡的窘境。那时,我承诺绝不解雇工会成员,而且也做到了。工会一直为这件事情而对我抱有感激之情。

如果因为董事们集体反对而停滞不前的话,公司必然会面临危机。1975 年 4 月 1 日到 1976 年 3 月 31 日期间,公司的营业额达到了 350 亿日元,但是经常利润只有 2 690 万日元,利润率滑落到 0.07%。已经不能在讨论阶段原地踏步了。雅玛多运输已经被逼到不得不出手的地步了。

宅急便开发纲要

为了推动宅急便事业的发展,必须要获得董事会的同意。

我把新事业的概念归纳为"宅急便开发纲要",在 1975 年 8 月的董事会上提出了议案。纲要是自己写的,从上往下推行。纲要的主要内容如下:

宅急便开发纲要

1. 基本思路

(1)以不特定多数的客户或货物为对象。

(2)站在需求者的立场上思考。

(3)保证比其他公司优越而且均一的价格。

(4)建立一个持续的、发展的体系。

(5)追求彻底的合理化。

下面对各个项目进行详细说明。

(1)宅急便开发的前提条件是,脱离商业货物运输市场,将重心转为扎根于市民生活的个人间的小包裹运输市场。将面对的市场聚焦为不特定多数的个人。以此为前提,从根本上改变营业的方式。

(2)以前货车运输业者一般专属于一个特定客户,没有以不特定多数的市场为对象的情况。一旦以不特定多数为对象的话,经营手段就必须改变。如今,雅玛多运输的营业负责人失去了和使用者之间直接接触的机会,只有站在使用者的立场上来考虑问题,才能了解新的市场到底有怎样的需求。于是,我们打算引入市场营销的手段。

(3) 为了进入新的市场,招揽不特定多数的客户,能否实现比竞争对手(当前指的是邮政包裹业务)更好的服务成为决定因素。我们认为,不能只在自己容易做的地方开展业务,必须在包括人口稀疏地带在内的所有地区实现统一的优良服务。

在商业货物市场上,贸易伙伴厂家或者批发商的发货负责人非常了解物流,清楚货物几日可以送达,知道路程近则运费便宜,路程远则运费贵。但是普通的个人,尤其是家庭妇女等通常并不清楚日本的地理,不了解城市在哪里,无法判断哪里近、哪里远,因此,配送速度、金额等不均一的话,很难得到她们的认同。在包装方面,主妇们很少有人具备包装方面的知识和材料,无法期待她们按照需要做好准备。我们必须转变以前以商业货物为对象时的思维方式,回到一张白纸的状态来重新思考服务应有的方式。

(4) 考虑到新事业必须具备大范围的网络架构,需要建立一个持续的、发展的体系。但是,这无法立刻完成。所以,提议花费些时间建立全国性网络。

(5) 宅急便是一个非常费时费力的工作,成本很高。如果以平常状态来工作的话,赤字是必然结果。但这是支撑雅玛多运输度过危机的工作,如果产生赤字的话就得不偿失了。降低成本的努力是不可缺少的。这就需要彻底合理化工作方式,简化事务性工作。

上一次董事会就通过了这个纲要。没有人反对。到了这个阶段,大家都明白不得不做了。

工作团队的组成

董事会议批准开发纲要后,1975 年 9 月 1 日,公司马上就组建了工作团队。约 10 名成员里汇集了年轻员工,作为社长的我和负责营业部的常务也出席参与讨论。

这个工作团队的另一个特点是让工会代表参与进来。

我曾经读过金子佐一郎的著作,他曾在十条制纸会社(公司)担任社长。这个公司在战后成为劳务对策中心,活跃一时。这本书里有些内容深得我心。他强调作为经营者,在对待工会时要遵守以下几点。

> 和工会交涉时,必须要注意不能认可不合理的事情。即使是一眼看上去和劳动条件没有直接关系的事情,也不可以简单地接受。特别是与金钱支出相关的事情。如果你同意了 100 日元,那么在此基础上要求会不断提升,进而成为既定权利。之后再想纠正就会非常困难。重要的是要一直思考、应对合情合理的事情。

我非常赞同,所以严禁现场负责人在与劳动条件没有直接关系的操作步骤问题上和工会进行交涉。总之,我不愿看到在工作岗位上工会的存在感增强。战后,工会运动非常强大的时候,前任社长小仓康臣经常说的一句话是"热爱员工,敲打工会"。前任社长是个非常有人情味的人,以温情主义带领公司。员工是公司职员的同时,也是工会成员。所以当时考虑尽量不要让他们有工会成员的意识。

但是,即使与劳动条件没有直接关系,在现场还是会发生各种操作上的问题。所以,我意识到现场负责人咨询所属员工的意见是非常重要的。

那么,选择谁来代表所属员工的意见呢?我开始考虑能否利用工会的现场委员。

如此,为了启动宅急便项目,当然也需要工会代表加入工作团队中。当我提出将销售目标从商业货物转为个人快递业务时,公司内部一致反对。当时,虽然看法消极,但仍然表现出赞同意向的只有工会。

不过,工会却拒绝加入。他们预见到一旦加入工作团队,结果就不得不转为积极赞成。基本上工会对公司提出的新提案,无论是什么,原则上都会先反对。工会反对后,公司再提出妥协方案,这样就可以彰显工会的存在。如果从一开始就加入工作团队的话,就必须得承担责任。所以,我虽然心里不痛快,但也不能就此作罢。最终还是成功说服他们加入了进来。

能成为工会干部的人,大多想法清晰明了,有若干自我表现欲,偶尔会走走岔路,但足够就任管理职位。所以,我从开始宅急便业务时起,就有意识地要求他们参加公司会议。

大多数日本人对所属企业的参与意识很强。如果仅仅因为是工会委员就将他们排除在外的话,只能是有害而无益。

工作团队花了两个月时间集中起来进行讨论,10 月底制作完成了宅急便手册。内容如下。

宅急便商品化计划

1. 名称"宅急便"

由于专门处理小宗货物,最初有人提出向美国的小宗货物专业运输公司 UPS(United Parcel Service)学习,使用 Yamato Parcel Service 一词,简称 YPS,但是最终还是定为宅急便(关于名称以后再详述)。

2. 受理货物

限一件。重 10 公斤,长宽高合计 1 米以内,包装为纸箱或结实的纸袋。

3. 服务区域

太平洋沿岸所有设市的地区。

4. 服务等级

原则上翌日送达,部分地区三日送达。

5. 按地区统一收费

发货至送货区域和与之相邻的街区的话,统一收费。

6. 运费

一个包裹 500 日元。偏远区域追加 100 日元。

7. 收取包裹

单个包裹也可以打电话上门收取。所有运费需用现金支付。

8. 代理店

和米店、酒店等签约,打出宅急便代理店的招牌。

客户将包裹送至代理店,每个可减运费 100 日元。

9. 运单

制作宅急便专用运单贴在包裹上,不使用货物标签。

关键词是"包裹的密度"

工作团队只花了两个月时间就得出了结论。但我本人在想到将市场从商业货物转变为个人快递之后的几年内，一直在脑子里推敲具体的构想。

在全国建设网络的话，就可以开展一个新的事业。不过要想有盈利，还要花好几年时间。很清楚的是，我们必须要做好心理准备。从开始到新事业能够支撑公司和员工的生活为止，相当长时间都有可能是赤字。我们不知道会花费多少年。但如果不能尽早达到保本点的话，公司的体力恐怕会被耗尽。

为了成立宅急便，要将"基础（B）、中心（C）、贮藏（D）"这三者组合在一起建立网络。虽然非常困难，但只要花时间，并非不能做到。如果网络逐渐扩大，是否能收集到足够维持网络运转的货物就会成为问题。

努力完成网络建设。在这个网络上，每天都有货物流动。到某一天，当超过某个数字的时候，利润就会一点点渗透出来。渗透出利润的日子多了，从网络的某个地方就会大颗大颗地滴落出利润，然后这些利润再慢慢汇集起来。虽然不知道是从哪里出现的，但从整体上看产生了利润。网络事业不就是这样的吗？

这种念头在脑海中浮现出来后，我推测宅急便能否成功的关键应该在于"包裹的密度"。

密度大就能产生利润，密度小就无法产生利润。在固定的区域面积内由收发件总量决定密度。无论如何，增加包裹量是绝对条件。因此,公司在开始做宅急便业务时,动辄就强调"关键词是包裹的密度"。

要提高包裹的密度,首先要增加包裹的总量。我们采取的办法是让客户大量"购买"宅急便这种服务。我们的客户是家庭主妇。那么,怎样才能让家庭主妇们购买呢?

我们在别的领域——旅游行业里找到了秘诀。

雅玛多运输不仅做货物运输,也做旅游代理。我们是日本航空"日航包裹"的销售代理商。日航包裹的总公司每年召集代理商开会,解释说明新发售的旅游套餐。出席研讨会的时候,我受到了极大的刺激。原来,旅行这种服务也能成为商品。

旅行是非常私人的东西,每个人出行的目的和目的地都不一样。以前,我们想要去旅行就要去交通公社这样的专营店,预约好飞机票、火车票和宾馆后再出行。所以,除了公司职员和学者等有特定目的人之外,一般人很难想象为了轻松地游山玩水而出国。

然而,战后发达的旅游套餐把飞机航班、宾馆预约、市内观光、餐饮等必要的东西全部组合起来。自己付费到机场后,所有事情都可交由导游负责。不懂英语的老爷爷老奶奶也可以愉快地去夏威夷旅行。在旅行套餐说明会上,我认识到旅行这种服务可以作为商品销售。

那么,就和旅行一样,我们只要想办法让家庭主妇能轻松地利用包裹快递就行了。我们要做的是将运输服务商品化,让家庭主妇方便购买。

夸张一点说,没有运输知识的主妇对委托运输公司运送包裹这件事怀有恐惧感。这样打包会不会被对方训斥呢？如果不购买货签，并且用两根以上的绳子捆扎好的话，对方会不会拒绝受理呢？万一被要求支付高额运费，也不知道该怎么办。以前在邮局的经验导致很多主妇觉得寄送包裹是件麻烦事。

为了让这样的主妇能轻松购买就必须要彻底地"商品化"。我要求工作小组探讨上文提到的"宅急便商品化计划"。接下来说明该计划的内容。

商品化计划

1. 名称

商品的名称是很重要的，重要到几乎能左右商品的销路。好了，我们该起什么名字才好呢？

都说顾名思义。新型运输服务的特征是什么呢？个人间的包裹快递不需要严格的包装，简单又方便。翌日送达，速度快。运费比肩邮局，便宜。具备以上这些特征的名字是什么呢。

想不到好的名字，于是模仿美国的运输公司 UPS 创造了 YPS（Yamato Purcell Service 的简称）作为后补。可这个名字无法让人马上领悟。日本的汉字具有表意性，能够推测内容，我觉得还是汉字比较好。

于是有了"宅急便"这个提案。有意见认为，"takyu"这个发音会让人联想到乒乓球，是否不太合适。可是连续几次发"takyu"、"takyu"的发音却觉得很有韵律，感觉不坏。现在还有人夸奖这名字起得真好，实在是不赖。当然，因为是商品名称，马上就注册了商标。

2．货物

在决定受理包裹的大小时有过争论。最终定为重 10 公斤以内,长宽高合计 1 米以内,限一个一件。商业货物的平均大小是重 23 公斤(运输省调查)。所以有人强烈建议受理重量设为 20 公斤以内,认为能增加包裹量。但是,我觉得,今后必须使用女性驾驶员,而且邮政包裹的限制重量为 6 公斤以内,所以还是将上限定为 10 公斤。

之所以要将包裹限定为一个一件,是因为想要使运费的计算更加简单。根据运输省的认定制度,货车的运输费用不可以随意制定。运费不是按照每个,而是按每件来计算。也就是说无论是两个一件,还是三个一件,按照规定,寄件地址和收件地址相同的货物以一张运单合计重量来计算。为了省去这种复杂的运费计算,就要限定一个一件。

包装可以使用纸箱,或者用纸仔细捆扎起来也行。对于易碎品,我们并没有拒绝受理,而是在受理时由雅玛多的员工进行必要的加固。这一点非常重要。家庭主妇们会因为嫌打包麻烦就对运输公司敬而远之。

3．服务区域

邮政包裹的服务面向全国。要与之抗衡,当然也应该以开展全国范围内的服务为目标。但基于现状,公司在许多地方还没有拿到营业许可证,目前不得不限定在太平洋沿岸,而且只限于市级地区。至于日本海沿岸、市级以外的地区只能以后慢慢扩展了。

4．服务等级

当时,邮政包裹一般要四五天才能送达。为了对抗邮政包裹,占据市场,我们必须要更快送达。

在那之前,业界一般认为商业货物的运输要赶紧完成,个人快递则不用那么着急。我觉得这是不对的。

其中的原因是,商业货物的运输关系到商业交易,无论是托运方还是承运方都会多留出一点时间出货,所以就算晚一天也没多大关系。

相反,个人快递包裹有可能是第二天婚礼上需要的东西,或是第二天从成田机场出发时需要带的东西、必须紧急送达的文件、必须紧急运送的物品等。所以,即使紧急包裹只占 1/10 的比例,所有包裹也都必须在第二天送达。这么考虑的话,翌日送达就是必须的。

如果是从大阪送货去东京,任何一个运输公司都能做到次日送货至东京 23 区。但是,周边的区域,比如说府中市、小金市等地就不一定能做到翌日送达了。更外围的青梅市、五日市等地方基本上所有公司都要三天才能送达。至于奥多摩镇,大概要花四五天时间,有的公司还无法送达。所以,大阪至东京翌日送达说起来简单,实际上东京都内所有地方都能做到翌日送达是很困难的。

流通业者的客户可能会说,只要做到从大阪到东京 23 区、武藏野、三鹰等地的翌日送达,其他的比如说奥多摩附近的话三日送达也没什么关系。

可是家庭主妇就不一样了。如果在东京 23 区和奥多摩镇都有亲戚,她们自然希望寄给双方的东西都能在第二天送到。她们也会觉得奥多摩镇都可以当天往返去郊游,没道理无法做到翌日送达。从道理上讲,当时完全可以做到奥多摩镇的翌日送达。可是只为一个或两个包裹就送到山脚下的奥多摩的话太不合算了,于是业者通常把包裹积攒起来一周送一次或两次,这当然耽搁时间了。没有哪个业者做不到翌日送达,不过是不愿而已。

5. 按地区统一收费

销售商品最重要的是制定价格。竞争的条件是价格比其他公司更便宜,而且公开透明,必须很容易和其他公司的商品进行比较研究。既然宅急便也是作为商品销售,那么必须清楚地标注价格。

原则上,货物运输的运费通常由货物的重量和运输距离决定。这其实非常复杂,以至于大多数公司都设有专门的运费计算部门。除了麻烦,而且结构上还有很大缺陷。每一个货物的运费都不同,就算能公示作为基准的运费率表,也无法在事前知道每个货物的运费。

这在商业货物运输上不是问题。商业货物是由特定的客户反复出货,起点终点都是固定的,所以在运费的估算方法上,货主和运输业者之间不会起争执。

个人快递包裹的运输情况就完全不同了。首先,客户每次都不同,送货的起点和终点也每次都有改变,当然无法计算运输距离。确定受理包裹的重量为 10 公斤以内,是因为明确重量可以简化运费计算,——按照实际运输距离计算运费几乎是不可能的。所以我认为,只能抛开实际距离,统一付费。

基本上,以不特定多数的客户为对象的买卖,不明确商品的价格是非常奇怪的事情。比如说,寿司店的菜单上写着时价的话,点菜时一定有人会犹豫。运输业并不是客户经常利用的行业,没人懂得行情。正因为这样,一开始就标明价格反而更方便客户利用。

于是我们决定,宅急便的运费按地区统一收费。问题是地区的划分方法。地区宽广的话,费用体系就简单。比如说像邮政明信片那样全国统一,计算就非常方便。只是,明信片的成本中运输部分所占的比例非常低,基本是配送的费用,所以全国统一价格也不觉得奇怪。但是,宅急便的包裹也全国统一价格的话,就有点简单粗暴了。作为竞争对手的邮政包裹将全国分成5个区域付费。我们没必要跟着邮局来,宅急便要采用自己独特的区域划分方式。

我们将全国划分为东北、关东、信越、北陆、中部、关西、中国、四国、九州等9大区域,送往寄件人所在的区域或相邻的区域的包裹运费相同。北海道和冲绳列为其他的收费区域(后来东北又划分成北东北和南东北两个区域)。

可让我吃惊的是,公司内部反对按地区统一收费的呼声却很高。从东京到横滨、静冈、名古屋等地统一收费500日元。大家觉得难以接受。也有人说同样在长崎县,长崎市和五岛列岛的价格相同实在太不可思议了。广岛的分店长也半带威胁地表示虽说同在广岛,可是居住在濑户内海的岛上的人很多。如果广岛县内统一均价的话,广岛分店肯定赤字,这能行吗?

距离越远成本越高,特别是山岳地带或是离岛更是耗费成本。这是毋庸置疑的事实。可是,反过来考虑,通过分区域统一费用节省了管理费用,所以不能说这种做法不合理。我以这样的理由说服了公司的内部员工。更重要的是,通过反复说明,成功地获得了大家的理解:考虑到为了让家庭主妇能放心地多次利用而进行的促销的效果,在广阔区域内的统一收费绝不是错误的战略。

6. 运费

因为道路运输法尚未废除,宅急便也是货车运输事业的一个种类,所以我们必须遵守运输省认定的线路货车运费。根据这个法规,每二三十公里距离增加运费,所以按地区统一收费是非法的。不过,按照浮动运费制度,金额不是固定的,只要在上下浮动控制在 10% 以内就可以。

10 公斤包裹的认定运费是 160 公里 450 日元,410 公里以内 500 日元,700 公里以内 552 日元,950 公里以内 598 日元。那么如果灵活运用浮动运费制度,将约 450 公里以内的中距离区域设为 500 日元均一价,比这距离更远的区域设为 600 日元,采用依次递增 100 日元的均一价就不算违法了。当我意识到这一点的时候非常高兴。

7. 收取包裹

原则上一个包裹也可以上门收取。针对邮局完全没有上门服务这一点,我们决定大力宣传服务上的差异。

8. 代理店

实际上,收件既费时费力,又花费大量成本,所以我们在商店街设置了代理店,请他们帮忙受理包裹。我们设想代理店分布在客人从家步行 100 米左右就能到达的地方,于是到处说服商店加入。我们付给代理店每个包裹 100 日元的手续费,同时给予自己送件上门的客人 100 日元的优惠。也就是说雅玛多运输自己收件的话运费收入 500 日元,通过代理店的话只能收进 300 日元。

对于客人来说,虽然上门收件比较轻松,但是与其等待不知道什么时候上门的收件车,不如到熟悉的店里购物,顺便把包裹带去还能便宜 100 日元。代理店能收取 100 日元手续费,也很乐意帮我们受理包裹。我们有必要以 100 米以内一家的密度来布置代理店,现在全国共有约 30 万家代理店,公司支付的手续费为 100 日元乘以受理件数,但总的框架已经定好了,因此代理店越多越有效。

代理店的手续费和给客人的优惠合计 200 日元,将这 200日元看作促销费用的话,我相信绝对不算贵。

9. 运单

固定线路货车公司的运输运单,无论一件货物有几个,每件只发一张。所以在配送个数多的托运货物时有时会因为分开配送而出现运单上的个数和货物的个数不符的情况。因为货物和运单分离,所有的公司在作业管理上都非常辛苦。

宅急便将包裹限定为一件一个,就是为了简化作业管理,防止包裹事故,以及减少成本。因此,我们采用专用托运单,贴在包裹上使包裹和托运单不能分离。

在包裹上粘贴运单,虽然要承担万一包裹遗失时无法检查的风险,但是作业因此而变得简单,在削减成本上也起到了很大作用。为了防止事故,可以另行将包裹的运单号输入电脑。

开始营业

准备已经就绪,1976 年 1 月 20 日,公司在关东分社发布了组织和人事命令,1 月 23 日开始营业。第一天的总发件数是

11 个。

考虑到既存的事务所的现状,从已经准备到位的区域开始,按照以下顺序依逐次展开业务。

1976 年

2 月　东京 23 区、东京都外围地区、关西 6 县的市区

3—4 月　静冈市、滨松市、仙台市

5—6 月　大阪府、京都府、爱知、兵库、静冈、三重、宫城、福岛、福冈等各县的主要城市市区

9—10 月　冈山、广岛、佐贺、长崎等各县的主要市区部分,札幌市、北海道南部的城市市区

1977 年

滋贺、德岛、香川、大分、和歌山等各县的城市市区、关东一都六县全境(离岛除外)

1978 年

山形、奈良、福井、鸟取等各县的主要城市市区、静冈、长崎、宫城、福岛等各县及大阪府全境(离岛除外)

1979 年

新潟、岐阜、爱媛、高知、宫崎、山口、富山等各县的城市市区、爱知县全境、熊本市、盛冈市

直至 1979 年度末(即 1980 年 3 月末)＊,宅急便的受理区域面积比为 27.4%,而人口比则达到 74.8%。

＊　每年 3 月底 4 月初是日本的会计年度结算期。

第6章
服务的差异化

像宅急便这种无形的商品，想要和竞争对手拉开差距，必须实现"服务的差异化"。得益于"服务差异化战略"，宅急便形成了新的市场，发展成庞大的产业。本章将就此进行讲解。

宅急便应该实现的差异化服务究竟是什么呢？在包裹运输中消费者最期待的是早点送达。因此，雅玛多将"翌日送达"即从寄件人处收取的包裹于次日送到收件人手中作为卖点，向独占个人快递市场的邮政包裹发起了挑战。雅玛多建立了遍布全国的集配网络，把服务目标定为无论从任何地方发货都可以做到翌日送达。

可是，服务是肉眼无法看到的。因此有必要经常确认是否做到了差异化。在雅玛多，我们追踪每一个包裹，调查翌日送达的完成程度，发现我们经常碰到收件人不在家的情况。于是我们又推出"在家时送达"的业务。由此，我们和竞争对手邮政包裹之间拉开了决定性的差距。

翌日送达的实行

1976 年 1 月 23 日，我以从清水寺的舞台上纵身跃下的勇气开始了宅急便。虽说是深思熟虑后的决断，但仍旧感到惴惴不安。理论上我相信这项事业一定会盈利，可在能盈利之前一定会经历各种困难。

获得盈利的关键是"包裹的密度"。密度大就一定能挣钱。那么怎样才能提高包裹的密度呢？除"差异化服务"之外别无他法。办法是提供比邮政包裹更好的服务，具体说来就是"翌日送达"。为了让不特定多数的客人知道并使用宅急便，我们要做的就是通过包裹的翌日送达让利用宅急便的客人觉得好用，从而愿意反复利用。

事实上，第一次用宅急便的人都惊讶于包裹能够在次日送达。听说有大阪的客户往东京寄送了包裹，觉得至少要花个三四天，结果第二天打电话通知对方已经将包裹寄出去时，惊讶地听说已经送到了。听说收件客户也很吃惊，决定自己也要试试宅急便。这就是所谓的口口相传。

在大阪的工厂里生产的电视机要在次日送到东京的店里，任何一个运输公司都可以做到。不过正因为是将堆放在大阪工厂里的货物送到东京的仓库里，这件工作才能得以完成。这和将包裹从大阪天王寺的某家人家送到位于东京杉并区的亲戚家的情况完全不同。

包裹运送中最有价值的就是"快"。"可靠"、"便宜"也很重要，但都比不过"快"。不过，仅仅"快"是没法当作销售卖点的，不明确指出第二天送到就感受不到冲击力。

要想面向不特定多数的消费者做宣传，通常的做法是利用媒体。但是，费用相当昂贵。令人遗憾的是当初雅玛多运输没有用于宣传的资金。而且，就算花钱做了宣传，消费者也无从了解此前并不存在的宅急便到底是什么,肯定也达不到预期的效果。

"翌日送达"这个广告词清楚地表达了服务的差异化。不过实行起来完全不像嘴上说的那么简单。基本的结构是这样的:白天收件,傍晚将包裹集中到基地。装货后于晚上九点发车,运营车通宵运行,早上到达目的地的基地,马上将包裹送至负责配送的中心,再由等候在中心的自助驾驶员(Self Driver,雅玛多运输内部对集配车司机的称呼)负责配送自己负责区域的包裹。构成这个网络的一连串动作中只要有一个出了问题,翌日送达就不可能实现。

公司采用的是白天收件、配送,早晚在中心和基地之间移送包裹的轮班制。运营车整晚运行,将基地连接起来。无论包裹多或少,连锁行动每晚展开。任何地方都不会因为包裹少而偷工减料。包裹少的时候确实会产生赤字。包裹量逐渐增加,而结构和经费都没有变化,所以每天的包裹越多,越能踏实地向保本点迈进。

当然也有人说宅急便是通过标榜翌日送达来收取高额费用,非翌日送达不可的包裹没有那么多。不要标榜什么翌日送达,配送速度慢点的话可以降低费用,不仅会得到消费者的欢迎,集配车减少还可以减少公害。

实际上,正是因为翌日送达,宅急便才得到了消费者的欢迎,收件量大增。受理的包裹多了就能够压低价格。一旦取消翌日送达,这个良性循环就会崩溃。其实无论是翌日送达还是三日送达,运输成本都一样,三日送达还需要安排包裹的存放点,反而增加成本。

　　小田急的浪漫特快往返于新宿和箱根汤本之间,用时一个小时。乘车时除了乘车券还需要特急券,不过究其原因并不是因为浪漫特快比普通列车的运行成本高。同样的区间,普通列车需要花费 2 个小时,是浪漫特快的 2 倍。从车辆的周转率来看,特快车更有效率。所以不是因为成本高,特快费用是使用了"更快"这个便利的代价。

　　宅急便也是一样。正如效率更高更方便的浪漫特快受到消费者欢迎一样,宅急便受到消费者欢迎的原因就在于翌日送达的便利性。

任何地方都可以实现"翌日送达"

　　打出"翌日送达"的招牌之后出现了几个问题。例如,同一个县内的任何地方都必须做到翌日送达。能否做到服务的"均等化",向所有地方的使用者提供统一的服务,是和其他公司拉开差距的非常重要的因素。只有县厅所在地做到第二天送货称不上是翌日送达。只有一个县里所有的地方都实现翌日送达,才可以明确将"翌日送达"作为服务水平的标准。

　　以静冈县的情况为例。静冈县沿着东海道,从东面三岛至西面的滨名湖,在相对开阔平坦的土地上分布着几个城市。东海道沿岸地区实现翌日送达是理所当然的,可此外还有占据相当面积的伊豆半岛。基本上都是观光地或渔村之类,在产业上没什么突出的地方。顺带说一句,从距离上看,从东京过来可以一日游,当日往返。

　　道路主要是从东海岸到西海岸环绕一周的环线和从正中翻

越天城山的路,驾车相当花费时间。但如果因此就不能在距离东京仅仅 150 公里范围内的伊豆半岛实现翌日送达的话,这个招牌就可以砸了。

任何一个县里都有人口过疏地区。有人说过疏地区的迟送一天也没关系。全日本的运输业者都是这么想的。寄件人中这样想的人也不少。包括运输省也是这么想的。可是,我却不这么认为。

宅急便是援助市民生活的服务。所谓市民,既有居住在城市里的人,也有居住在过疏地区和离岛的人。但没人喜欢生活在过疏地区或离岛,都是有原因才居住在那里的。作为市民,当然希望能获得和城市里的人一样的待遇。所以,我觉得必须给予相同的服务。这不是能不能的问题,而是应不应该的问题。

我的结论是应该做。不过理想很美好,现实却很严峻。到底应该怎样做呢? 答案很简单。只要多设置配送点就可以了。也就是,辐射状交通系统。从轴心散发出很多辐条,车轮范围内的地方就都能实现同样的配送。包含过疏地区在内,可以说只有实现同一个县内配送区域统一翌日送达,才能达成服务的差异化。

刚开始宅急便的时候,在集配车的侧面喷上了黑猫的标志和大写的宅急便的字样,同时也特别注上"翌日送达"。实际上,1976 年刚开业的时候,翌日送达还没能做到完美,所以曾经犹豫过是否要在车身上标注,不过最终还是下定决心去做了。只是,在下面用小字体追加了一行字"部分地区三日送达"。很早以前,运输业者最大的宣传媒体就是货车车身。标注着公司名称到处行驶的货车就是最好的宣传。从这里也可以窥见宅急便的集配车作为宣传媒体的威力之大。

写着"翌日送达"货车到处行驶,不仅是为了宣传,更是要表明决心,督促雅玛多运输的员工务必实现翌日送达。

第一个年度,也就是 1976 年度的宅急便的受理件数是一年170.5 万件。1977 年度的 540 万件是前一年同期的 3.1 倍。1978 年度的 1 087 万件是前一年同期的两倍。1979 年度的2 226万件是前一年同期的两倍多。1980 年度的 3 340 万件是前一年同期的 1.5 倍。1981 年度达到 5 061 万件,也实现了 1.5 倍的增长。

宅急便服务开始后一直这样成倍地增长。服务的差异化获得了成功。支撑这个成功的正是消费者们的口口相传。

用两班制来提升服务水平

服务平均化,在同一个县内所有地区实行翌日送达的努力逐渐收获了成果。但是,随着营业区域扩大,宅急便业务开展到偏远地区后,三日送达的区域越来越多。这也没有办法。为什么这样说呢? 运行车晚上 9 点左右从基地出发,第二天早上7 点左右到达目的基地。这期间的 10 个小时,就算在高速公路上以70 公里的时速行驶,在距离超过 700 公里的偏远地带,运行车的到达时间依旧赶不上早上送货车的出发时间。

具体地说,以东京为起点到兵库县属于翌日配送圈,比这更远的就不得不三日送达了。也就是说冈山县、广岛县无论如何需要三天时间。冈山和广岛在新干线开通后,在旅客服务方面,时间和距离已经缩短到可以当日来回。而宅急便却要花费三天时间,这可实在说不过去。我们在反复琢磨之后想出了两班制的办法。

开业初期,宅急便的操作模式如下: 早上出勤的集配车装上运行车送达的包裹后开始配送。到中午配送完成后又开始收件。下午时间几乎全部花费在收件上,傍晚 6 点左右回到中心。按送货地点分拣后将包裹运至中心,交给运行车,完成发送工作。也就是每日一循环。

我们将其全面改换成了两班制。也就是改变以前的上午配送、下午收件的基本模式,将集配改为每日两循环。上午收件、配送,下午也是收件、配送。同时,运输也改为两循环,也就是将原来只在晚上 9 点发车的运行车改为增加下午 3 点的一个班次。

按照早上到达的时间表,运行时间要 16 个小时,以时速 70 公里行驶可以到达 1 120 公里外的地方。次日早上 12 点之前到达的运行车,最多能运行 21 小时,可以到达 1 470 公里外的地方。同样的,花整个下午时间收集的包裹,装上晚上 9 点出发的运行车,如果次日 12 点前能到达,运行时间就是 15 小时,可以到达 1 050 公里外的地方。

像这样收货、运行、配送等作业都采取一日两循环的两班倒制,翌日送达的范围就能扩大到离起点 1 000 甚至 4 000 公里的地域内。顺便说一句,从东京出发,至广岛 920 公里,至福冈 1 200公里,至青森 770 公里。

而且,翌日送达的范围扩展不仅限于陆地运输,还扩展至空中运输,如:千叶—羽田和福冈—羽田等。

宅急便的服务范围逐渐扩大,1989 年 3 月已经达到面积覆盖全国的 98.8%，人口覆盖 99.7%。在所有 41 000 万件的快递中，翌日送达占90.3%，三日送达占 9.7%。

服务等级的确定

公司以服务差异化为重点开展宅急便业务，随即发现了一个问题，能否将服务等级数据化。如果不能具体表现服务等级，无论比别的公司优秀多少，也不过就是自吹自擂而已。于是，我们决定制作表示具体服务等级的标准。

公司每天调查送至各中心的包裹中不能翌日送达的件数，用百分比表示。以都道府县为单位，将发货地放在纵轴上，送达地放在横轴上，调查在都道府县间的配件总数中未能实现翌日送达的件数，在各自的轴线上标注百分比。

服务等级表每月公布，从哪个县到哪个县的数值不好，一目了然。然后调查原因，如果是基地、中心、中转站之间的联络差，或运行时间延迟等原因造成没能按照计划运转的话，就要求改善。

调查结果离达到满意的程度还差很远。最初阶段，偏远地区的未达成率达到 40% 以上。笼统地说，由 B、C、D 构成的网络系统没能顺利运转。不过出现不良数字也是好事，正因为如此，我们才要制作服务等级表来进行改善。

整体的服务得到提高后，有必要进行更细化的改善。有人认为，当初定下的做法太过粗糙，起不到什么作用。

其实是这么回事。收件地址是一般家庭的话，周日或节假日都可以配送，没有什么问题，但如果是寄给企业或商店的货物的话,周日或节假日关门,经常无人收件。所以,周五发送的货物通常是周一送达,结果导致未送达率提高,我们需要修正这种情况。

另外,如果不将因为企业休息而送返的货物、指定放置在中心先不配送的货物、指定送达日期的货物等除外的话,就得不到正确的数据。于是,我们制订了改善计划,将服务等级表分别制作成以含排除在外的货物在内的所有货物为对象的表格,和因一定理由而将部分货物排除在外的表格,并予以公布。

目前,公司除每天检测并公布根据整个宅急便的到达日期制定的服务等级之外,一并检测并公布低温宅急便的温度管理状况。

低温宅急便是 1998 年正式在全国范围内开展的新服务,现在,无论是冷藏宅急便(3℃)还是冷冻宅急便(－18℃),使用者都大幅增加(参照第 12 章)。低温宅急便最重要的当然是运输过程中的温度管理。所以有必要检查是否严格遵守了规定温度。

现在,和对宅急便的服务等级检测一样,每月都要测定并公布低温宅急便的温度管理的不良率。

当然,低温宅急便的温度管理随季节不同难度会有变化。气温下降的冬天,冷藏冷冻都很容易维持规定的温度。但是在像北海道那样气温达到零下 10 度的地方,反而有时候要想办法保持温度使货物不要冻住。而在气温升到 30 度左右的夏天,不好好管理的话很难维持规定的温度。像冰激凌之类的一旦软化,即使再放入冷冻室,品质也会下降。

既然将差异化作为宅急便的经营战略,对服务等级的检测就成为必不可少的重要工作。

供应者的逻辑，使用者的逻辑

这是在除特别情况外，服务等级表尚未细化时的事情。

在以宅急便的服务等级为议题的每月例会上，虽然反复不断地强调服务的差异化，但情况一直不见好转，我也曾为此大发雷霆。偏远地区先不说了，连东京都内 23 区的达成指标都很差，一时间不由怒上心头。

有一天，负责现场业务管理的员工回话说："早上送达的包裹马上就送发出去，基本上上午就能结束配送。"我很生气："不要再说这些不着调的事儿，现在翌日未送达的概率都已经到两位数了！"他们的解释是："雅玛多运输都是翌日上午送货，不过经常碰到客户不在家，所以只能拿回来，然后第二天再送货。"

哎，因客户不在家而无法送达的话就无可奈何了。那天，只提出要讨论像这种情况导致的翌日未送达率该如何计算就草草了事了。

那之后我在睡觉时都记挂着这件事。这样过了好些天，突然意识到了一点。

站在雅玛多运输员工的立场上看，特意去送货，客户却不在家没法递交，所以是客户不对。但是，真的是这样吗？客户是不是也有理由呢？我不可能在家等一天，偶尔出去一下，送货的人正好就上门了，半小时后回来，之后一直都待在家里，所以是正巧在出门时送货上门的雅玛多运输不对。如此，双方的说法当然完全不同。

　　我认为很多时候提供服务的供应者的逻辑和接受服务的使用者的逻辑是正相反的。供应者站在自己的立场上思考，也就是以自我为中心思考问题。这也不是什么错误。

　　经常有客人在就餐时生气，投诉服务员的态度不好，经理大概会说"我们将会就服务态度对员工进行严格教育"。实际上，服务员热衷于聊天忽略客人召唤的情况屡见不鲜。

　　我认真地考虑了客户不在家时的对策。客户不见得会一整天都等在家里。实际上夫妻双方都工作的话，白天家里就没人在了。我们在大型住宅小区调查的结果显示，约有四成的家庭白天家里没人。

　　那该怎样办呢？我换了个角度，不再去考虑不在家时的对策，而是考虑如何能在客户在家时送达。我觉得，雅玛多运输有义务在客户在家时上门送货。上午上门时客户不在家就下午再去一次，下午上门时不在家就晚上再去一次。夫妻双方都工作的家庭基本上7点以后也回到家了。所以我认为晚上送货也是很有必要的。

　　刚开始时收货送货都定在6点钟结束，之后延长到了晚上8点(现在则是晚上9点)。自从实行客户在家时上门送货的规定后，公司的服务等级得到了显著的提升。

第7章
服务和成本的问题

　　服务和成本总是处于二律背反的关系中。要提高服务水平,成本就会上升;要压低成本,服务水平就会下降。经营者的工作只能是时刻关注这个问题,并在不同的时间段做出优先选择。

　　在开始做宅急便时,我的决断是"先服务,后利润"。如果不提升服务,寻求和邮政包裹的差异化,最终无法成就一个高收益的企业。

　　决定设备投资和员工聘用时,这个想法也是必要的。雅玛多提出"先员工,后货物"、"先车辆,后货物"的口号,积极增加员工人数和集配车的台数。我的判断是,如果按照当时的货物量来配置员工和车辆的话,市场就无法做大,必须通过增加员工和车辆,提高服务水平来开拓潜在需求。

先服务,后利润

　　在宅急便开始之前,雅玛多运输每个月都会召集主要的分店长开业务会议。引进电脑之后,因为各分店的收支表在第二个月的 13 日左右出来，于是业绩讨论会就放在 15 日召开。

宅急便开始之后，依旧延续了以前的业务会议。但并没硬性要求以收支情况为议题。赤字肯定会持续一段时间，就算把收支状况作为议题也没什么意义。我定的议题是服务等级。刚开始宅急便的时候，我在会议开场时就提出："今后我们不把收支作为议题，只讨论服务等级的问题。"为了摆脱宅急便的赤字必须增加包裹密度，要增加密度，服务的差异化是唯一能想到的方法。

服务和成本是二律背反的关系。想要提高服务水平，成本就会上升；想要压低成本，就只能提供适当的服务。比如说，如果要在人口过疏地区建一个集配用的营业所。当然，租赁费等固定费用和从基地送货来的车辆的费用就会增加。人工费需增加一名负责人的费用。也许驾驶员的费用随着集配效率的提高能有所降低，姑且当做没发生变化吧。总体上经费是增加的。另一方面，在人口过疏地区的翌日送达做得越好，服务质量越能飞速提升。

服务质量的提升是正面的，但成本的提高又是负面的。在企业经营中常常能碰到这种二律背反的问题。比较研究正面的因素和负面的因素，两下相抵正面略胜的话就新设营业所，这大概是公式化的答案。但是，这真的是正确的吗？

由服务质量提升获得的正面效果，体现为营业额的增长。但是，左右营业额的因素很多，很难准确衡量到底有多少效果。另一方面，成本的增加可以通过数值比较准确地把握住。但考虑到收集数据的员工的工资、研究数据的员工和干部们的时间及薪酬，结果反而导致成本上升。

所以,在开始宅急便时的业务会议上,我强调"今后不提收支,代之以严格追求服务"。

实际上,当时我向全体员工展示了一个标语:"先服务,后利润"。我宣布,今后希望大家像遵守金科玉律一样遵守这个口号。

新设营业所是好事还是坏事呢?这个问题其实没有讨论的余地。既然已经开始做宅急便了,包裹的密度超过某条线就是黑字,达不到某条线就是赤字。因此,最高命令就是尽早提高包裹密度。我们不得不提高服务质量,实现差异化。在这种情况下,因为成本提升而放弃的想法是不合时宜的。服务和成本可以权衡,但并不是比较双方的条件进行选择的问题,而是判断优先考虑哪个的问题。

所以,我要求大家不要再花费时间精力计算优点或成本,希望大家思考如何才能提高服务质量,只考虑这点并去实行。这就是"先服务,后利润"的来历。

下面介绍一个实例。雅玛多运输在业绩持续恶化时曾不断强调要节省经费。在运输公司里,就为了经常打长途电话联络各营业所的事,分店长天天擦亮眼睛盯着部下:"反正每天都有货车来回,请大家尽量使用公司内部邮件,不要打长途电话。"

我大胆地改革了这个惯例。在干部会议上,我明确表示,希望大家今后无所顾忌地给工作在第一线的推销驾驶员打长途电话。如果送货时找不到地点,就让驾驶员直接给寄件人打电话,确认送货地址有没有错误。事实上,很多人会将一丁目和二丁目写混。虽说写错的是客户,但若因为找不到地点而不得不退回去,送货方的服务水平就太差了。客户修改好运单再重新发送的话,包裹就得晚三天送达了。有人反对说电话费比运费还要贵,不过虽说多花了电话费,却守住了翌日送达的承诺,得到了客户的好评,好处也不少。

在把包裹的集配和运行周期从一天一次改为一天两次,也就是引进"两班制"的时候,也被迫思考过服务与成本如何抉择的问题。在第 6 章时已经涉及过这个话题,现在再说明一次。

刚开始集配的周期是一天一次。货物早上送到,所以必须在中午前完成配送。而且通常上午没什么人发货,所以收货定在下午。这是沿袭商业货物运输的方法,但不久我们就意识到这并不适用于个人委托的宅急便包裹。

商业货物不论是制造还是销售,企业的业务都是在白天进行的。送达的货物是当天的业务必需的东西,所以要在上午配送,发送的货物是当天的业务预定要出货的,所以下午去收货。这种模式全国几乎都是一致的。

另一方面,送到家庭的包裹,如果是当天晚餐要用的东西,上午配送是很有诚意的做法,不过其实下午 3 点左右送到就足够了。有时候客户又会要求早上来收取前一天打好的包裹。也就是说上午配送、下午收货这种模式不一定就是好的。就算将集配改为两班制,其实成本并没有增加多少,但服务质量会提升很多。所以这不是问题。但是将运送改为两班制的话,包裹的总量不变,收入相同,只有成本提高了一倍,这可就是个大问题了。

原本想改为两班制是因为当时翌日送达的区域只有 700 公里,为了扩展到 1 000 公里不实行运送两班制就没有意义。

如果服务的差异化获得成功,受理的包裹量能增加一倍的话,理论上运行车需要两辆。但是,如果不是把当时晚上 9 点出发的运行车增加到两辆,而是分下午 3 点和晚上 9 点发两班车的话,就可以将一辆车当作两辆车用。这样就可以在不增加成本的情况下大幅提高服务质量了。

我思考以在家时间送达作为应对客户不在家的方法时也是一样的。

配送时间从下午 6 点延长到了晚上 8 点,人事部传来了抱怨声。说是因为劳动时间的限制,必须录用临时驾驶员交替接班。本以为是招聘困难,结果却不是的。听说有很多人愿意做下午 6 点到晚上 8 点的临时工。当时还听说乡下有个邮局职工偷偷跑来应聘,把大家都逗乐了。问题不是招聘,而是人工费的增加。人事部责问说从下个月开始增加几十亿日元也没关系吗? 我当时的回答是增加驾驶员的人工费没关系,反而是计算这个费用的人事部员工的工资浪费了。只要遵循"先服务,后利润"的宗旨,根本不用计较这些费用。

先车辆,后货物

宅急便自实施以来广受用户好评,我们切实地感觉到了受理件数的增加。

在迅速扩大受理区域的压力下,公司一年内增设了 30～50 所中心。这当然也是基于预期包裹受理量增加而做的先期投资。

也不乏这样的情况。中心负责区域非常广,即使包裹没那么多,但仅一辆车还是跑不过来。为了改善这种情况,于是分割区域,增设中心。这种情况一般都是以现在的实际成绩为基准来决定配属车辆的数量,但就算假设一天的受理件数不足一百件,有时会计划配属两三辆。

我认为既然要设置中心,那么即使是人口过疏地区也需要配置最少 5 辆车。我一直是这么要求的。也就是说,东西南北各一辆,而后中间区域一辆,合计五辆。假设有两辆车,一大早去配送东西两边的客户,那么南北两边的客户就要等到车辆从东西两边送货结束后再去,时间就排到下午了。如果再配属两辆车,南北两边的客户就一样能在早上配送了。

客户也很清楚,只要服务质量提高就会有良好的反应,受理包裹也会增加。所以,借用一句麻将用语,车辆分为东、南、西、北、中,五辆是最基本的。

新设中心的时候,调查每台集配车的受理预估件数、计算每件包裹的成本是件非常辛苦的工作。预测数值不准确的情况时常发生。在全新的地方开始全新的服务,开业后的预估基本上是胡乱猜测,随时间不断变化的。我觉得成本这东西就是每天变化的。

就算是按照成本来做计划也没什么好办法,除了考虑怎样才能提供优良的服务之外别无他法。所以东、南、西、北、中共5 辆车这种想法得到了大家的认同。

就算没有包裹,每天 5 辆车在区域内行驶,既是宣传,又能诱使客户寄送包裹。啊,宅急便的车子下山了,差不多快 10 点了吧。如果当地人能这么说的话就太棒了。

事实上,在人口过疏地区设置中心后不过一年,当初只能装载一点点包裹的车子就增加到了 5 辆甚至 10 辆,而且都是满载包裹。有了这个经验,我可以很自信地说"先车辆,后货物"。

为什么要增加员工

宅急便刚启动的时候,即 1976 年度末,雅玛多运输的员工总数为 5 650 名。5 年后的 1981 年度末增至 9 270 名,10 年后的 1986 年度末激增至 23 600 名。增长数在最初的 5 年内是 3 620 名,接下来的 5 年内为 14 330 名,10 年内一共增长了 17 950 名。

顺便说一句,现在,1999 年 3 月,员工总数约为 74 888 人。这在共 3 297 家首次公开募股的企业中,仅次于 NTT 和 JR 东日本,员工人数排名第三。前两家公司本就是国营企业,我们在纯民营的企业中可以说是全日本员工人数最多的上市企业。

无论如何,这种增长方式是异常的。不过这不是自然增长的,而是人为增加的。

运输业者想要提高服务质量是很简单的,只要增加员工就可以了。运输业是劳动密集型产业,只要增加员工马上就能改善服务质量。员工大多是货车司机,想要增加员工就要先增加货车持有量。只有增加了车辆和人员,才能随时应对客户的需求。

宅急便也是如此。增加人员就可以增强集配的战斗力,受理包裹的件数会得到飞速增长。

回到前文所提到的增加员工和宅急便受理件数增加的关联性。1976 年度宅急便的实际业绩是 170.5 万件,之后在 1981 年度达到 5 061.5 万件,1986 年度达到 20 398.6 万件。

我们把 1976 年度假设为 1 来计算增长率,1981 年度员工增长 1.6 倍,同期宅急便业绩增长 29.6 倍。1986 年度员工增长

4.1倍,同期宅急便件数竟然增长了140.2倍。

的的确确是"先员工,后货物"。

任何事物都有正反两面。人事问题同样也有优点和缺点。

员工增加,人工费必然增加,所以很多经营者都很谨慎。这种思考方式只关注了人的缺点。一提到经营的健全化和经营的结构调整,多以裁员为中心来思考。我一直对此存有疑问。

企业雇用员工的理由到底是什么呢?

是为了开展制造、销售等企业本身的业务,因此要求员工发挥制造、销售等的能力。虽说近来用机械替换人工劳动的倾向性很强,但还有很多工作是只有人才能做,或是更适合人来做的。提高企业的生产力,发挥能力,这就是人的劳动的最大优点,这必须是人的问题的中心。

员工的增加导致人工费的增加是不利的结果,之前必然也有提高生产力、增加收入等好处。如果没有好处的话当然没必要增加人手了。但如果因为不愿增加人工费而不增加员工的话,企业最终会失去活力。

在企业经营中,人的问题是最重要的课题。正是因为有人的劳动,企业的存在才能被社会所承认。不在乎人的劳动,只追求投入资金效率的实业家,我觉得还不如不要再做实业家了。既然要做事业,没有企业员工辛勤工作为社会作出贡献,就意味着企业没有存在的意义。

我所提倡的"先服务,后利润",不是指不需要利润,而是不要首先考虑利润,只要努力提供优良的服务,自然会产生利润。这才是这句话的本意。只考虑利润的话,就会觉得服务一般般就够了,也就无法实现服务的差异化。这样一来,收入无法增加,利润无法产生,只能招致恶性循环。

总之,结果的好坏由优先考虑哪个决定。经营中从不缺乏必须进行抉择的时刻。如何正确地应对才是经营者最大的责任。

不过,如果"先服务,后利润"不是由社长先提出,而是由科长先提出的话,有可能会被社长怒斥:"你是说没利润也无所谓吗?""先服务,后利润"是只有社长才能说出来的话,所以,反过来讲也是社长必须说的话。

安全第一,营业第二

在第1章时曾提及过,我刚进入雅玛多运输就病倒休假了。4年后,恢复工作到子公司静冈运输上班。当时静冈运输经营不善,在银行的要求下由雅玛多运输接管。

1955年时,日本既没有新干线也没有高速公路。当时使用的还是东海道原来的道路。车辆老旧,保养也不充分,所以经常发生交通事故。除此之外,还频繁发生工伤事故。现在所有的工厂都在使用铲车等装卸货的机械,但在当时,贫穷的货车公司里的货物批发装卸全由人工完成,工作人员受伤的情况屡见不鲜。

某天,公司接到了劳动基准监督署的传唤。我当时担任总务部长,作为负责人出面。那里的署长是这么对我说的。

> 静冈运输是我们管辖区内工伤事故非常多的单位。如果不能努力减少事故的话,我们就只能将你们列为重点监

察对象了。管辖区内还有模范单位，请你们去那里参观学习。

他所说的可以作为参考对象的模范单位是木制工艺厂。静冈非常盛行木制工艺，这也是个经常因制材机引发事故的行业。我当时对这个行业能否作为运输业的参考心存疑虑，但又不好无视署长的建议，所以还是专门去拜访了。

那家工厂并没有什么大型的设备，看上去也不像在安全生产上做过什么了不得的投资，可是那家工厂的经营者的一番话让我感铭在心。

安全实际上多半取决于经营者在思想上的准备。这是他的意见。工厂里挂着一面大大的绿十字旗。这是到处都能看得到的景象，不同的是，整整一面墙上贴着纸，上面用大字写着"安全第一，效率第二"。

工厂的经营者是这么介绍的。

以前真的是工伤事故频发。考虑到生命的珍贵，无论如何都要减少事故。这时我们想到，当只强调提高效率时是不是就无法避免事故的发生了呢？

为此，我们在工厂里贴上了"安全第一，效率第二"的标语。结果随着时间的推移，不仅安全纪录越来越好，效率也没有下降。

"当我们说安全和效率都要做好的时候，结果任何一个都没做好。"工厂经营者的话引起了我的共鸣，同时也理解了署长想让我去学习的是什么。

从工厂回来后,我马上召集静冈运输的干部们,宣布今后在工作中要以"安全第一,营业第二"为宗旨。

当时,静冈运输每天有固定车辆往来于静冈和东京之间。司机的工作体制基本是下午 1 点出勤收货,装车后于傍晚 7 点左右从静冈总公司出发。中途经过营业所加装货物,于次日早上到达东京。卸货配送工作结束,从工作中解放出来大概要到中午 10 点左右。在分店的休息室小睡一下,下午 3 点左右开始准备回程。回到静冈大概是第三天的早上。配送结束后于上午 10 点左右下班回家。像这样,在车上睡两晚,第三天早上回家成为一种工作模式。

但是有临时工作插入时,原本应该结束 3 天的工作回家的司机经常会被要求再跑一趟。结果要在车上睡 4 天,第 5 天的早上才能回家。这被称作"蜻蜓折返"(蜻蜓折返飞行之意)。公司以此来弥补司机的不足,司机也能增加收入,所以跑折返就成为经常性的工作了。

工伤的原因之一是过度劳动。这是毋庸置疑的。所以为了减少工伤事故必须避免强制要求员工承受长时间加班和深夜劳动等重担。重要的是,无论有多少业务需求都必须拒绝导致过度劳动的工作,这也是制定"安全第一,营业第二"这个标语的目的。具体地说就是杜绝折返跑。这是眼前的目标。

我在公司的多面墙壁上贴上"安全第一,营业第二"的海报。强调营业只能排在第二,真正的第一应该是安全。此后工伤事故越来越少,营业方面反而更加活跃了。

借调结束回到雅玛多运输时,我惊讶地发现雅玛多运输同样车辆事故频发。在拥有 3 000 辆车的时代，每年发生事故近 500 起。当然也是因为在分店里发生的碰擦建筑物等极轻微的事故也被列入其中，才显得事故惊人的多。

于是我立刻提出"安全第一，营业第二"的口号，在公司内开展安全运动。花了几年时间逐渐减少事故，不久之后车辆数超过了 5 000，事故却减到了 100 起以下。

所有工厂里都贴着"安全第一"的标语。安全第一几乎成了千篇一律的代名词，不知道能有多少实际效果。究其原因在于没有第二。

每年年度初制定的营业目标都比前一年的高 10%，并严令一定要完成目标。半年过去后，营业额将将接近目标。可如果营业利润低于预期目标低，就又会指示营业额稍有不足也没关系，放弃利润率低的工作，完成利润目标。

安全生产月时下令"安全第一"，接到产品投诉时要求品质第一。总之，很多社长都青睐"第一"这种命令。

什么都是"第一"的社长属于"战术层面"的社长。能根据本公司的现状清楚指示什么是第一、什么是第二的社长才是"战略层面"的社长。

我认为社长的工作就是正确分析公司的现状，选择必须以什么为重点，并加以理论说明，也就是致力于战略层面的思考。

第8章
一马当先三年计划，和行政部门的斗争

本章将讲解宅急便是如何躲过同行的追击，克服行政当局的限制，逐渐成长起来的。

获知宅急便成功消息的同行们一个个都进军个人快递市场了。为了形成宅急便业务相对于其他公司的压倒性优势，公司决定分三次实施"一马当先三年计划"，提高服务质量，构筑全国网络系统，努力贯彻翌日送达。服务质量的提升没有终点。达到某个水平后，目标又指向更高的标准。而且要比其他公司更早行动。这才是公司长盛不衰的前提条件。

但是，要提升服务质量，全国网络系统的建设是不可或缺的。有件东西阻碍了网络系统的建设，这就是缺乏效率的行政许可制度。被旧法规所束缚，宅急便独特的运费设定也无法如愿实行。我采取诉讼和刊登新闻广告等方法正面向行政机构宣战，在舆论的支持下，我们的要求得到了通过。民营企业不能轻易地屈服于无用的行政管制。

创业五年后清算保本点

1976 年时，我几乎是顶着所有人的反对开始创建宅急便的。

所幸一旦开始实行，雅玛多运输的员工们都非常认真，很快就理解了新工作的性质，稳步地调整了体制。不过和以前的商业货物运输不同，包裹的收集配送都是一个个分散的，所以难以提高效率，每天的工作都很辛苦。

宅急便开始之后我注意到，以前总感觉货物出货方的负责人对我们颐指气使，但是现在无论是去收件还是去送件，家庭主妇们肯定会对我们说"谢谢"或"辛苦了"之类的话。听到这些以前从来没听到过的感谢的话语，基层的司机们都非常感动。他们异口同声地说，正因为以前从未想到过自己所从事的工作会让人感谢，所以现在非常开心，感受到了工作的价值。和以前满载电视、洗衣机等商业货物的大型货车运输工作相比，原来嫌宅急便麻烦的员工们渐渐也不再发牢骚了。

在司机的世界里有种氛围，觉得驾驶大型车比驾驶小型车了不起，所以在刚开始宅急便业务的时候，很多大型货车的司机不愿意驾驶小型集配车。随着时间的流逝，这些人也开始主动地从事宅急便的集配工作了。

这项工作虽然很耗费精力，所幸使用者反应良好。1976 年度的受理件数仅仅只有 170 万件，到 1977 年度就上升到 540 万件，1978 年度上升到1 088万件，1979 年度达到 2 226 万件，增长势头惊人。在"先服务，后利润"的口号下，推动服务差异化的效果非常显著。

我很高兴宅急便发展得如此顺利。但是公司里依旧弥漫着不安的气息，对雅玛多运输是否拥有光明的未来充满疑虑。

1979 年 2 月底，公司退出了三越百货公司的配送业务。百货公司的配送业务和宅急便有相通之处，绝不是应该拒绝的工作。而且,三越百货公司从 20 世纪 20 年代雅玛多运输开创时期就成为公司的稳定客源,对我们有大恩。但是,正如序言中所说的,在三越公司冈田社长的经营下,雅玛多运输饱受伤害,已经无法作为合作伙伴共同工作了。

正是看到宅急便的顺利发展,我们才下定决心分手。

1979 年又出了件大事,公司取消了和松下电器产业的交易。战后,过晚进军远距离运输的雅玛多运输终于在 1960 年获得东海道的运营线路许可证,得以进入大阪,获得运输松下电器多个事业部商品的机会。对于雅玛多运输来说这是个大客户。

但是,家电商品的大量运输是和宅急便完全背道而驰的工作。一边是好几百个单位的长距离直线式运输,另一边是一个个小包裹的平面式运输,营业方式完全不同。贪多必失,两个都想做,结果很可能鸡飞蛋打,哪个都做不好,最终半途而废。

宅急便开始后,公司指示一线部门要逐渐减少大批量商业货物的运输业务。但是,作为一线部门,要切断和老客户之间的缘分在感情上难以接受。同时,也对取消业务后宅急便能否填补收入空缺缺少信心,所以很难遵照指示去做。

很多员工不理解同时做两种业务有什么不好,宅急便要努力去做,但有必要切断以前好不容易建立起来的和商业货物客户之间的业务往来吗?但是宅急便可说是赌上了公司命运的事情。虽说不知道能不能成功,但既然做了,如果不成功,公司肯定倒闭。我只能将促使宅急便成功的营业方式彻底化。

虽然心里觉得很抱歉,我还是下定决心切断和曾帮助过我们的商业货物客户之间的业务往来。于是我前往拜访最大的客户松下电器,感谢长年积累的深厚友谊,同时提出解除业务交易。

松下电器的负责人肯定大吃一惊。在运输公司不断来访争取新业务的时候，居然出现了希望取消业务的业者。雅玛多这边详细说明了宅急便的经营模式，今后车辆将不断从大型更换为小型。一直持续大公司业务的话，最终会导致无法提供令客户满意的服务。我们对此深表歉意，希望对方谅解。

失去大公司的业务对公司来说是个重大问题，极有可能在员工中引起不安。而且，由己方提出拒绝业务更是非同寻常。如果没有公司领导人的信念和决断，就不可能实现。反过来讲，有时必须由公司领导人做出决断。这个时候，领导人有义务向公司内部清楚地说明理由和对策。幸运的是，在三越事件上，员工们非常高兴地接受了公司的决定。而且，在松下电器的事情上，员工们也同意向前看，帮助公司开展宅急便业务。

1979 年度，失去了三越、松下电器等最大的客户之后，负责商业货物运输和宅急便两方面业务的线路货车部门出现了经常利润略少于 5 亿日元的赤字。而且，公司整体的经常利润大幅滑落到前一年的 86%。

另一方面，失去常年往来的商业货物客户这件事终于使公司内部意识到已经没有了退路，背水一战，全力投入宅急便的态势已经形成了。

结果，1980 年度宅急便的受理件数为 3 340 万件，同比前一年增长 150%。而且，营业额达到 699% 亿日元，经常利润 39 亿日元，经常利润率居然达到 5.6%。

终于超过了保本点。从开始宅急便业务那天起，我们忘我地工作了 5 年。其实真的感觉时间过得很快。员工们恢复了自信,公司内部充满了干劲,"良性循环"启动了。

一马当先三年计划

经营宅急便业务的雅玛多运输创造出了 5.6% 的经常利润。这个消息震惊了货车运输界。

无论是谁,无论怎么想,这个工作肯定会出现赤字,很多人不理解为什么要开展宅急便业务。虽然没说出口,但大家肯定都认为雅玛多运输不久就会倒闭。可结果却是创造了利润,而且是 5.6%。

周围的人很惊讶,其实我们更惊讶。不断有公司开始开展和宅急便非常相似的个人快递业务,而且一下就出现了 35 家。

雅玛多运输的成功源自以家庭主妇为对象收集货物,在此之前没有人想到过。其实家庭主妇不会压价,仔细想想是非常好的客户。从雅玛多运输的实际业绩来看,这是个很有意思的市场。各公司想的都一样,觉得比同行早一步进入这个市场就会占据有利位置。

雅玛多运输成功的理由之一被认为是电视里播放的广告"雅玛多的黑猫宅急便"。因此,那 35 家公司各自制定了动物商标做宣传。其中有比猫更强壮的狗,而且是红色的狗,还有小熊、狮子、大象、长颈鹿等各种各样的动物,简直就是"动物大战"。

说点题外话,这里稍微提一下雅玛多的象征商标。这个"黑猫商标"也许大多数日本人都看到过,灵感来源于美国的大型运输公司亚莱德·莱斯公司使用的花猫商标。

1957 年，雅玛多与该公司合作，受理驻日美军的家具等杂物的运输业务。当时小仓康臣社长对"像母猫叼着小猫一样小心翼翼搬运货物"的图案所传达的信息产生了共鸣，于是经过亚莱德公司的同意，对图案作了进一步的造型设计。顺便再说一句，这个黑猫图案的原型是某个员工的孩子画的插图。

对黑猫商标的灵活利用确实使得宅急便的认知度进一步提高，营业额也进一步扩大。不过，并不是只要使用同样类型的动物作为象征就能使公司的营业额超过宅急便的。

各公司的加入与其说是让我们担心，不如说是让我们惊讶。宅急便是依托于网络的事业。没有扎实地打好网络基础就直接加入进来，该说是无知呢，还是说只顾眼前不管将来呢？这些公司的胆量真让人吃惊。

看到别人成功了马上模仿，这是日本人的通病。一听到大家都认为无法盈利的个人快递业务获得了成功，通常不是应该去调查原因吗？他们应该很清楚，不可能是因为黑猫商标被主妇们所接受那么简单的理由。

但是我们依旧不可以掉以轻心。

新加入的其他公司即使失败了，责任也在他们自己身上。都是长期从事运输事业的公司，就算网络不健全，在东京和公司总部所在地之间也是可以做到翌日送达的。一口气增加了 35 家竞争者，一旦轻敌，觉得对宅急便没什么影响而置之不理，总不是件好事。我认为雅玛多运输有必要更进一步推进服务差异化。

在 1981 年 4 月，公司启动了截至 1984 年的"经营三年基本计划"。名称在公司内部公开征集，共收到约 1 833 份投稿，最终由女员工提出的"一马当先三年计划"当选。计划的目标是服务的差异化,想象一下马拉松比赛中先头部队逐渐减少,到 35 公里左右时冲刺占据领先位置,回头完全看不到第二名的场景,"一马当先"真正是个贴切的名字。

公司决定用 3 年时间来实现绝对领先的服务,具体有以下三个目标。

1. 完成宅急便全国网络。
2. 扩大翌日送达区域。
3. 形成实现 1 和 2 的营业、作业体制。

提到宅急便的全国网络,刚开始的时候,宅急便的营业区域以关东地区为中心,面积只占日本的 3.4%,人口覆盖率不过 25.4%。之后逐渐扩展至东海道、山阳道、北九州等地。在三年计划刚开始的阶段,面积仍然只覆盖到 31%,人口覆盖至 78%。这离全国性配送网络依旧相距甚远,我们的目标是要遍布全国。由于受到货车运输许可制度的阻碍,到 1984 年度好不容易才做到 80% 的面积覆盖率。

翌日送达,首先从改善测定服务等级的方法,制定标准开始。为了准确把握情况,首先要在第一线建立登记管理货物移动的信息系统。宅急便的运单上印有条形码,公司也引进了在线管理系统,目标是更进一步实现高度系统化。信息系统进步很大。不过,翌日送达区域扩大的成果尚未显现出来。但是,实行周日、节假日营业制度后配送时间明显缩短了。营业和作业的公司内部体制建设方面,虽然在重新编组基地和中心和新设阪神地区基地等方面有些进展，但也没什么明显的进步。

　　3年过后，结果与期望目标相距甚远，因此公司决定再制订一个三年计划。

　　所谓服务，先设一个目标，达到目标后这个服务就变得理所当然。不断地去挑战、达成新的更好的目标就是服务的宿命。

　　第二个三年计划名为"新一马当先三年计划"，于1984年度至1986年度正式实施。正因为第一个计划基本没能达成目标，所以这次我们振作精神，下定决心一定要实现绝对领先的服务。

　　两班制的实施使得翌日送达覆盖区域大幅扩展。为应对经常性的客户不在家的情况，公司还在各家门店推行在家时送达策略，大获成功。

　　推销驾驶员随身携带的移动终端（移动POS）的引入，进一步改善了货物信息系统，在服务等级的检查和提升上也发挥了威力。第二个三年计划大大地提升了服务等级。但是，因为运输省的不理解，使得公司迟迟不能将运输网络扩展到全国范围。

　　于是，公司决定再开展一次一马当先计划。这就是从1987年度到1989年度的三年计划。

　　这次起的名字也是"一马当先三年计划3"。我们很执着于一马当先。目标当然还是服务的差异化，不过和前两个三年计划不同的是，这次提出了数字指标。前两次重视内容，没有强调具体的数字指标。这次提出数字指标，是因为觉得要成为平衡发展的优秀企业，数字指标是必不可少的。具体的有以下这些指标。

　　1. 收益性经常利润5%以上。

2. 规模总营业额 3 400 亿日元以上。

3. 健全性资本充足率 50% 以上。

4. 员工福利每年休假 100 天以上。

之所以列入员工福利,是考虑到要让承担向顾客提供优良服务责任的员工们能有闲暇享受生活。我本来觉得为了保证员工的闲暇生活必须每周休息 2 天,但是考虑到要维持服务等级,减缓成本上升,还是渐进式地增加休假日比较现实,于是,我们暂且先将目标定为 100 天以上。

四个指标中最终实现的是规模和员工福利。营业额大约达到 3 700 亿日元,经常利润只有 2.3%。

经过和行政部门的激烈斗争,全国性的网络建设取得了很大进展,这个后文再详述。

一马当先三年计划在 9 年间共开展了 3 次,不过还不够。优良的服务就像滔滔流水不停向前奔流而去,这就是我们永远的追求。为了创造出新的服务,我们必须要不断前行。

和运输省的斗争

完成宅急便的全国网络建设是一马当先三年计划的中心目标。刚开始时,宅急便的经营区域集中在关东地区,人口覆盖全日本的大约 25%,但面积只占 3.4%。由于当时必须取得货车运输许可证才能营业,所以获取全国的许可证成为不可或缺的条件。可是新获得许可证是非常困难的。

截至 1989 年 12 月,货车运输事业受《道路运输法》管理。

《道路运输法》将货物运输和旅客运输同等处理。装载不特定多数的客户的货物运输的货车和搭载乘客的大巴受到同样的管制。比如说，行驶的每段道路都需要运营线路许可证。大巴当然是需要的，但货物运输，把货物从东京运到名古屋，无论是走一号国道还是二、四、六号国道，或者是东名高速公路都不会有问题。可是，这条奇怪的法规却强制规定每一段道路都要许可证。

如果有一号国道的运营线路许可证，就可以在一号国道沿线设置营业所，但偏离线路的地方就不能设营业所了。货物的收集配送一般在以营业所为中心的3公里以内的区域内展开，但这个3公里并不是法律规定的。10公里或是20公里以内的收集配送实际上都可行。所以，位于持有运营线路许可证的道路沿线的村镇，甚至偏离很远的地方都可以纳入合法的营业区域内。

另一方面，包租货车可以从都道府县的行政区域部门拿到许可，不过不是道路许可。但是，包租货车禁止装载多个客户的货物运行。当然如果能得到运输大臣的同意就能够拿到地区集装许可证。

雅玛多运输采取的方针是在全国各都道府县申请包租货车的许可证，同时申请地区集装许可证。

没有许可就无法营业，对收货来说某种程度上确实是无可奈何，但在配送方面则完全行不通。无论有没有许可证，全国各地受埋的宅急便必须送到客户手里。有货物送往没有获得许可证的地方时，我们一般委托缔结了联运协议的公司运送。

公司还考虑了轻型货车的使用。货车根据承载量分为小型、中型、大型。此外还有轻型车。轻型车不仅在车库、检查和其他一些方面管制比较松，而且用它来从事运输的话，只需要县知事的批准就可以了，不需要许可证。但是轻型车承载量只有600公斤以内，工作效率非常低。

雅玛多运输通过以下的方法扩大了宅急便的营业区域。

1. 在有固定线路货车许可的国道沿线设置广阔的集配圈，扩大营业区域。

2. 在有地区许可的府县灵活利用地区集装许可，将营业区域扩展至府县一带。

3. 在没有许可证的地区，干线运输利用联运公司，收集配送在轻型车获得批准后自行营业。

如此一点点地扩大了营业区域，但总是有极限的。因此公司决定一边积极地申请许可证，一边收购同行持有的营业权。

从1982年到1985年，公司一共收购了大阪—九州一带、广岛—山阴、金泽—七尾、秋天—大馆、大阪—舞鹤等的线路经营权。但是主要干线的运营线路许可没能弄到手。我们不得不从正面进攻，推动许可证申请了。

具体地说，我们在东京到仙台之间是有运营线路许可的，但因为没有岩手、青森的许可，所以没法扩展东北北部的营业区域。

于是，公司在1981年11月提出延长仙台—青森之间运营线路许可的申请。由于青森县同行们的反对，申请文件被束之高阁。

　　道路运输法规定，许可证是在考虑运输需求的基础上授予的。可实际上，运输省没有任何能明确掌握运输需求的资料，完全任由负责人随意判断。一般来说，既然有既存业者反对，说明供大于求，无人反对则说明求大于供。运输省的官员们就是按照这种有些可笑的思维方式来判断给予或不给予许可的，所以他们宣称"只要既存业者不再反对了，我们什么时候都可以给你们许可"。

　　我们不能容忍这种言论。这样的话，运输省存在的意义又是什么呢？

　　提交申请后的第四年，1985 年的 12 月，基于行政不服审查法，我们向运输大臣提出了行政不作为的申述。之所以等了 4 年时间，是因为在运输省任何申请案件都要花费 3 年时间。

　　其实，我们早就知道向运输大臣申述运输省的所作所为会得到什么答复。当然，他们是没有违反法律。但是不经过这个程序就不能提起诉讼。我们只是按照程序来做事。

　　时机终于成熟了。1986 年 8 月 28 日，我们针对运输大臣提起了"认定行政不作为违法的诉讼"。我们向检察机关提交了行政诉讼。运输省大概着急了。他们没法向法庭解释将运营线路延长申请搁置 5 年的理由。

　　运输省的资料显示，1985 年度的货车运营线路申请数达到 140 件，处置分别是许可 90 件，不受理零件，撤销 78 件。这意味着什么呢？运输省缺乏客观说明判断结果的材料，所以不受理零件，撤销 78 件。许可件数和撤销件数的总和与申请件数不吻合是因为还有很多被放置了多年的申请。放置五六年，然后让申请人撤销申请，这种不负责任的做法怎能不令人气愤呢。

运输省于 1986 年召开了本案的听证会,并于 12 月 2 日发给了我们许可证。从提交申请到获得许可实际上一共花费了5 年时间。

同样的情况在九州也发生了。我们提交从福冈经由熊本到达鹿儿岛的三号国道的运营许可证是在 1980 年的 12 月 15 日。在进行东北线路相关诉讼的同时,我们也提交了九州线路的行政诉讼,摆出了斗争到底的姿态,因此,运输省于 1986 年 12 月召开听证会,并于 1987 年 1 月发放了许可证。从提交申请到获得许可一共花费了 6 年时间。

运输省完全不了解商业货物和家庭快递包裹市场的区别。无论我们怎么解释市场不一样,我们和既存业者之间不存在竞争关系,他们还是完全不能理解。

雅玛多运输将公司的命运赌在开展全国范围的宅急便上。运输省的官僚们却装傻说什么只要能阻止既存业者的反对随时都可以发放许可证。时至今日想起来依旧觉得怒气难消。

有人说雅玛多运输顶撞了主管机关,居然还满不在乎。我们不觉得是在顶撞,我们只是做了自己认为正确的事情而已。硬要说的话,也是运输省顶撞了雅玛多运输。受到不公平待遇,理所当然要向法庭提出申诉,要求改正,我们不觉得自己做了什么奇怪的事情。

雅玛多运输非常幸运地躲过了倒闭的危机。但是由于官僚们的不作为,至少推迟了 5 年才得以将宅急便推行到全国。运输省的官僚们甚至都没有意识到行政法规已经落后于时代了,真是愚蠢得令人吃惊。最不能容忍的是将申请案例一放五六年完全不理睬。尽最大的努力做好被托付的工作不应该是必须遵守的职业道德吗？一点道德观念都没有的运输省还不如不要。

接下来，1989年9月，公司获得了横跨北海道一带的五条线路的运营许可。12月，开始在伊豆大岛和奄美大岛展开宅急便服务。到"一马当先三年计划3"结束的1990年3月末，我们的服务区域已经扩大到占全国面积99.5%、人口99.9%的地区。

转换模式，再次和运输省斗争

宅急便受理S号(10公斤以内)和M号(20公斤以内)两种尺寸的包裹，运费上S号比M号便宜100日元。后来，公司考虑到如果再提供一种比S号尺寸更小、运费更便宜的包裹的话，肯定会受到客户欢迎，还可以推动小宗货物的销售。具体措施是将2公斤以内设为P号，运费比S号便宜200日元，同时将M号运费提高100日元，使S号和M号之间的差价达到200日元。整体上看，基本无增无减。

可是我们咨询运输省时，他们的答复却是不行。运输省完全认识不到宅急便和运送商业货物的固定线路货车之间运营方式上的差异，始终把宅急便和固定线路货车同样处理，因此主张宅急便的运费应该适用固定线路货车的认可运费。

按照固定线路卡车运费表，货物最低重量为30公斤，低于30公斤的货物收取同等费用。实际上S号和M号之间运费相差200日元，而认可运费承认上下可浮动两成，法律上没有问题。现在设定P号和S号、M号之间的运费各相差二白日元。也是说宅急便希望自己制定不同于固定线路货车的运费表。

可是运输省却表示"不能认可宅急便自定的运费设定"，还拒绝受理我们递交的宅急便运费表。我们说"那么把文件放在负责官员的桌上就回去"，对方的回答却是"我们只在看过内容觉得好的文件上盖受理印章，没有这个印章的东西不在受理范围内"。

这话太奇怪了。本来决定运费，从客户处收费的是企业，即雅玛多运输。运输省应该做的是检查有没有不妥之处，根本没有权力指示企业要怎么做。不受理宅急便自定的运费标准完全是不把人民放在眼里的上位者意识在作祟。想起来就生气。

实际上，当时的一个惯例是运输省所管辖的公共运费每两年修改上涨价格。

宅急便打算制定新运费的时候正赶上修改线路货车运费的时期，运输省和货车协会之间已经达成了意向。

这件事也很奇怪。反垄断法应该禁止货车协会代表业者与运输省谈判。可是运输省却无视企业的存在，只和货车协会商议。当然，他们在形式上采取了遵守反垄断法的方式。他们的做法是让所有固定线路货车公司将盖上公司印章的运费修改申请书的封面提交给货车协会，货车协会再用订书机将事先准备好的五种运费表胡乱订好交给运输省。运输省假称核定，将价格统一成商量好的运费表。表面上，固定线路货车公司都是分开提交的申请，实际上连自己申请的内容都不清楚。这就是他们耍的花招。

雅玛多运输抓住时机，拒绝提交运费修改申请书的封面。只要缺少一家大企业的申请，他们就无法操作，所以运输省通过货车协会认了错。于是，我们提出了一个妥协计划，只要承认宅急便自行制定运费的申请，我们就提交固定线路货车的申请书。

这次运输省同意了。于是,我们同时提交了固定线路运费的申请书和宅急便运费的申请书。可是,他们虽然受理了宅急便的申请,却放置了一年也不处理。于是我们开始实施作战计划。利用媒体。要和运输省斗争,密室中的交易是得不到大众支持的。很早以前我就认为,获得舆论的支持是对抗运输省最好的办法。

1983 年 3 月,公司再次提交将宅急便运费改为三个等级的新运费表认可申请。实行时间定为 6 月 1 日。这也是很罕见的事情。此前,运输省在认可新费用的时候都是单方面决定实行时间的。这也是令人难以接受的。什么时候修改运费原本应该由企业自行决定。怎能容许运输省花费那么长时间审核再单方面决定呢? 所以在 3 月提交申请书时,我们提出由于公司计划在 6 月 1 日起实行,希望能在这之前审核完毕。

在这种背景下,公司于 1983 年 5 月 17 日在普通报纸的晨报上打出了一页三段的大幅广告。大致内容是即将发售比现有运费还要便宜 200 日元的 P 号包裹尺寸,以及 6 月 1 日开始实行该措施。

运输省无视了雅玛多运输的申请,根本不打算审核。于是,我们在 5 月 31 日的晨报上再次刊登了一模一样一页三段的广告。这次注明由于运输省还没有认可,所以原定的 6 月 1 日实施日不得不延期。

听说运输省副大臣看到广告后大为震怒,但是舆论已有大量声音在劝诫行政管理部门和第二临时行政调查会改善宅急便的收费情况,批评运输省应对迟缓。最终,运输省在 7 月 6 日认可了。

不仅是运输省,一般官员都对登载在报纸上的铅字很发怵。所以通过报纸、广播、电视等手段追究行政过错是很有效的。当然采取这种做法必须保证媒体能正确地理解自己的主张。这也是我们使用广告的原因。

社会上通常认为上面的人说的话即使不对也没有办法,只能接受。民间的这种态度助长了官员们的错误态度,所以民间也必须反省。

过疏地区经营赤字的谎言

连续实施三次"一马当先三年计划"使得宅急便的网络铺展到全国。但是,刚起步的时候,公司内部反对将经营范围扩展到过疏地区的意见不绝于耳。很多人担心扩展经营范围会导致收支情况恶化。

在全国范围内获得运营线路许可证、扩展营业区域和在过疏地区开展经营并不完全是一回事儿。地方上也有城市和农村。在地方城市里开展业务时也可以将农村排除在外。事实上,民间这样做的企业更多些。雅玛多运输是民营企业,不用勉强非要在农村开展集配业务,农村的业务还是应该让邮局做,在赤字地区开展业务应该是官方的责任等。这些意见很多地方都是正确的。

当我下定决心开始宅急便时,抱的是从清水寺的舞台上纵身跃下的决心。幸运的是我赌对了,5年就初步获得了成功。但是我想把下一个舞台放在扩大农村业务时,再一次感觉到自己仿佛从清水寺的舞台上纵身一跃。好不容易到了保本点,如果因为农村的业务而导致收支状况恶化就得不偿失了。

但仔细想想，不见得农村就等于过疏地区、过疏地区就等于赤字。

大城市房屋密集，而地方上房屋密度不高，配送同等件数的货物所需的路程要长一些。但是，道路基本已经铺设好了。而且，因为公共交通没有大都市发达，所以群马县、岛根县等地方上自家用车的普及率比大城市都要高。地方上道路好、红绿灯少。在大城市，时速只能开到 20 公里，地方上可以开到 40 公里，路上只需花费一半时间。这样看来，不能说地方上就比大城市集配效率低、成本高。

地方上竞争对手少，按人口比较，宅急便的利用率应该相当高，所以设施和集配车的效率也绝不会差。

日本多山，不可否认地方上山里的过疏地区不少。但几乎没有从过疏地区寄到过疏地区的货物。从过疏地区寄出的货物都是送往城市，寄往过疏地区的货物几乎都来自城里。也许过疏地区的收发件成本会高，但另一方面城里的集配车的装载率提高，成本下降，那么将业务延伸到过疏地区也不会使收支情况恶化。

包括过疏地区在内，在地方上扩展服务区域能使宅急便通往全国各地，起到了提升竞争力、促进销售的作用。

第9章
全员经营

　　所谓"全员经营"，是在明确经营的目的和目标的基础上，不详细制订工作的方式，允许公司职员在自负责任的原则下自主完成工作。本章将就与宅急便同时引进的全员经营体制的人事及劳务管理进行解说。

　　承担宅急便业务的主要是在第一线接触客户的约3万推销驾驶员们(SD)。他们必须独立完成货物的集配、营业、收款等各种业务。工作方式如同"寿司店的师傅"。以足球来比喻的话就是最前线的前锋。如何激发他们的工作热情，使他们能享受工作，这关乎全员经营的成败。

　　重视第一线员工的能力，废除年功序列制等陈旧的人事制度，这些都是全员经营所不可或缺的，但公司内部的"交流"才是关键所在。

基层自发工作的体制

　　做商业货物运输时，营业的中心是各分店的销售科长。

　　销售科长负责与客户之间的联络渠道，只要签了合同就能保证每天的运输订单。他们有时要招待客户吃饭,有时要邀请客户去打高尔夫,必须尽量拓宽渠道才能保证稳定的收入。

销售科长接到客户的出货通知后,司机前往客户的工厂和仓库的出货处收取货物。每天的工作都是固定的,没有什么让司机疑惑和考虑的地方。

然而,在宅急便业务中这一套完全行不通。客户是不特定多数的家庭主妇,每天出货的地点都在变,没法提早得到出货信息。

只能由第一线的司机收集出货信息来应对,除此之外别无他法。所以在开始做宅急便时公司就决定以工作在第一线的驾驶员们为中心制定营业和作业体系,对司机的称呼也从之前的"司机"变更为"推销驾驶员"(简称"SD")。

在第 2 章曾介绍过,上智大学教授筱田雄次郎所提倡的合伙经营的理念引起了我的共鸣,于是考虑在雅玛多运输建立引入全员经营理念的新的人事制度,并决定开始宅急便后马上推行以"全员经营"体制为基础的人事、劳务管理。

所谓"全员经营",是指全体员工拥有相同的经营目标,一起朝着同一个经营目的努力,但是达成目标的方法由每个员工自行思考实行。也就是说,希望员工能有自律的行动。公司给员工定下目标,但对员工的具体做法不做命令或指示。员工对结果自行负责,自主行动。

也许有人对于是否真的能做到心存疑虑,但宅急便已经没有别的办法了。

筱田教授曾说过:"合伙经营有很多实例,成功案例也很多。这种经营方式是日本人容易理解的,很适合日本人。"实际实行过后发现这种方式很能体现劳动者的价值,可以让员工们愉快地工作。

刚开始时经常被问到宅急便和邮政包裹有什么不同。宅急便和邮政包裹一样,做的都是收集配送、按目的地归类分拣、运输等工作,在以分工制展开工作这点上没有区别。我认为不同之处就在于宅急便的员工很清楚自己工作的目的,并负责任地完成自己的工作。

比如说,在青森负责收货的员工很清楚自己正在收集的货物将于明天之前送至仙台,然后运往东京、大阪。所以他们工作的时候会考虑什么时候结束收件,必须分别在什么时候给去仙台、去东京、去大阪的车装货。他们不是只承担分工中的一项工作,结束收件就可以了。他们对自己的工作有责任感,明确了解自己收集的货物必须于翌日送到客户手中。就好比是接力赛,为了团队的胜利,每个成员都尽到自己的最大努力。这最终表现为宅急便和邮政包裹在服务上的差异。

在第一线,负责集配的 SD 组成团队作业。每个团队有个队长,负责调整工作方式。SD 们各自拿着自己负责区域的地图,记录下按什么路线行驶,需要特别注意的危险地点在哪里,指定时间的客户地址在哪里等必要事项,自己动手制作作业手册。

SD 要判断宅急便的代理店放在哪里合适,并签订合约。拓展新客户也是他们的任务。

每次去中心和中转站,都能看到墙上贴着记录每个 SD 的目标和实际业绩的表格。工作时注重自律性,对结果承担责任,这就是全员经营。工资会根据实际业绩增加相应的工作津贴,但还没想过佣金制度。我们的目标是将来的成果分配。队长随任期更换,主要任务是协调 SD 之间的工作和指导新人。

劳动时间的管理是中心主任的职责,由他们监督下属员工是否遵守每个月的工作时间和年休假。

"全员经营"的精神是公司的企业文化。客户时常表扬宅急便的 SD 们态度和蔼可亲。当然公司对员工都做过培训,但雅玛多运输的企业文化教导员工要站在客户的立场上判断服务应该怎么做,这种文化已经深深根植在员工心里了。

日本规定劳动者管理的基本法律是劳动基准法。我作为经营者一直怀有一个疑问,劳动基准法只涉及劳动时间的长短,而没有提及劳动质量和密度。

加班多是日本企业的特色。和外国比,日本的总劳动时间长,所以一直说要缩减劳动时间。但是同样的工作慢慢做比快快做工资更高,对劳动者来说加班能更快地增加收入。所以公司要想办法制定加班津贴的截止计算方式或限制加班津贴,但是形式上有可能会违法劳动基准法。这反映了劳动基准法的问题。

运输行业,驾驶员要离开工作场所,在没监督的情况下劳动。比如说,将货物从东京运到大阪,表面上从出发时间到到达时间就是劳动时间,途中发生了什么只有本人知道。就算比平时晚到了,途中到底是遇到了交通阻塞还是司机小睡去了,除非本人报告管理者是无法知道的。

法律规定长距离运行的货车有义务安装行车记录仪。假设东京—大阪之间一天行驶 10 辆货车,一年间东京—大阪之间的行车记录表共有 3 650 张。合计这些表格就能把握东京—大阪间平均运行时间的记录。基于这个结果,劳资间缔结了劳动时间协议,以高速公路时速 70 公里、一般道路时速 40 公里来换算劳动时间,在实用性上没有问题。

但是,监督部门认为,严格地说超出标准时间的例外情况违反了基准法,所以不能承认这种方式。这种思维方式实在是太迂腐了。

计算劳动时间的基本目的是公正地支付薪水,所以必须客观、正确地计算。但是,不考虑劳动的质量和密度,只关注劳动时间,形式上确实适合现在的劳动基准法,但这真的是公正的吗?我不得不抱怀疑态度。

为了追求公正,劳资间必须相互信赖。无命令,无监督,劳动者自主工作的"全员经营"体制正是以劳资间的信任关系为前提的。基于第三产业的全员经营的思考方式其实在第二产业中也完全行得通。

推销驾驶员是"寿司店"的师傅

我一直说希望雅玛多运输的推销驾驶员像寿司店的师傅。

走进寿司店,首先要决定是坐吧台还是坐桌子。坐桌子,只要选定松、竹、梅任何一个套餐,菜单的内容清清楚楚,价格也已经定好了,付账时完全不用操心。坐吧台可以边和师傅聊天边选喜欢的料让师傅捏寿司。当然必须做好比坐桌子价高的心理准备。不过,反正也不是经常去,所以有很多人愿意选择坐吧台开心品尝寿司。

寿司店的师傅早上去河边采购新鲜鱼,将鱼准备成各种形状。等客人进来了就介绍今天的推荐食材,请客人下单。适当地陪客人闲聊讨他们的欢心。聊聊什么鱼正当季,边做推销,边接订单。当客人说已经吃饱了时,再向他们推荐梅紫苏等清淡的手卷寿司,让客人再吃一个。客人喊买单了,再告知金额。寿司店生意好是因为师傅有气度,客人也会愿意再次光顾有个头脑灵活的师傅的店。

宅急便开始前还在做商业货物运输时,用餐饮店作比喻的话,就像是百货公司里美食街的做法。买餐券的人、下菜单的人、做日餐的人、做西餐的人、做中餐的人、上菜的人、收餐具的人,一切都是通过分工制来进行的。

开始宅急便时我宣布:今后停止百货公司美食街的做法,转为寿司店的做法。而且,今后希望各位都能成为寿司店师傅。也就是说,寻找货物、填写运单、运送货物、输入电脑、收款、答复询问等现场的各种业务全部由 SD 一人完成。

无论什么样的客人都必须独自应对。这就是 SD 的基本工作。不过刚开始的阶段,老司机们拒绝采用这种方式:

> 我们是因为喜欢驾驶才进入雅玛多运输的。电脑输入是女事务员的工作。收款什么的恕难从命。如果收到的钱掉了还要自己赔偿,这种事我才不干。

听到他们这么说,我也很为难。

于是,我们录用了很多新人去做 SD。原来在批发店工作的人很适合这个工作。另一方面,原则上拒绝其他同行公司的司机。理由是他们当中的多数人既不想干除开车以外的活,对全员经营的理念也缺乏基本的了解。从这一点上看,批发店店员的工作本就是下单、交货、驾驶、收款什么都做,所以接受起来没什么障碍。

在送宅急便包裹时听到客人感谢的话语后,当初抱怨连连的雅玛多运输的老司机们也转变了态度。长期跑商业货物运输的他们从来没在送货时听到过感谢的话。所以既惊讶又感动,逐渐点燃了工作热情。

员工们开始 SD 的工作后逐渐适应了驾驶以外的工作,而且和将一连串的工作分开进行时相比,一个人承担所有的工作,一件一件地完结,感觉比较有价值,比较有趣。对工作负有责任确实很辛苦,但另一方面,大家都意识到这项工作让人觉得有意义,有成就感。

餐饮店也有各种不同的经营方式。百货商店的美食街、机场及车站的饭店、牛肉饭连锁店、日式烹调、烤肉店、汉堡包连锁店等经营方式各不相同,特点也各不相同。我觉得宅急便和寿司店有相通之处。

寿司店的设施很重要,店内装修格局必须营造出良好的氛围。但我认为最重要的是店员,也就是捏寿司的师傅的人性魅力。多余的谄媚话一句不说,只凭诚实的人格吸引顾客。当然他必须拥有丰富的鱼类相关知识和优秀的寿司制作能力。

宅急便的 SD 当然要有优秀的驾驶技术。但不能仅仅如此。因为工作关系,他们脑子里必须装着日本全国的地图。最关键的是,他们必须拥有为客户考虑的诚实品格。

寿司店里老板和老板娘不过是配角,而寿司师傅必须成为主角。宅急便也是一样的。销售科长、队长等都是配角,主角是SD们。正是想到这些,我才把寿司店的师傅作为比喻拿出来说的。

优秀的前锋

我希望 SD 能成为受客人欢迎的寿司店师傅,同时,我也希望他们能成为足球队里的优秀前锋。

最近掀起了一股足球热,受欢迎的足球队的支持者们的热情令人震惊。令支持者们着迷的是明星球员们卓越的球技。

足球需要团队合作,没有全队整体的紧密配合就无法获得胜利。但最终得分是因为射术优异的球员准确地将球射入球门。明星球员不能只有高超的技巧,还要能机敏地判断何时射门,何时过人。SD 在碰到客人提出特别的要求时也要马上做出判断,采取怎样的行动来处理。打电话回中心寻求所长的指示是不可取的,碰到索赔要求时也要立即给予恰当的处理。

为了招揽新货物,必须自己考虑在哪里对外怎样联络并采取行动。宅急便如同将一滴滴水汇集起来一样,所有的一切都是从第一线的 SD 们的工作开始的。所以我经常这么对 SD 说:

> 在雅玛多运输,社长也好销售部长也好一块钱都没赚到,SD 从客户那里收到的每一件包裹就是我们唯一的收入渠道。也就是说,作为前锋的 SD 不射门的话就得不到分数。只有从同伴那里接到好球才能够形成有效的射门。接到同伴在别处收集递送到的包裹,满含诚意地送到客户手上,才有可能从收件客户那里获得新的交易。我希望你们理解 SD 的判断和行动力直接关系到收入的增长,希望你们

能成为优秀的前锋。

我们还改变了组织图的画法。在受理商业货物时期,组织图的最上方是分店长,下面是销售科长,再下面是销售组长,最下方是几名司机,司机的名字胡乱写在一起。我们把它改成了足球队选手名单的写法。最上方排列着写上相当于前锋的 SD 的名字,最下方写上相当于守门员的分店长的名字。我们希望SD 能成为团队的核心。

前锋不仅仅是进攻时才需要的。在球到了对方脚下时,前锋也必须参与防守。如果去送货时发生包裹问题的话,必须马上道歉,同时进行适当处理。宅急便初始阶段,操作手册要求一发生异常情况,SD 必须迅速汇报并等待中心负责人的指示。

之后,宅急便业务进入轨道,受理件数飞速增长。快递包裹纠纷发生概率虽然很低,但随着总量增加,纠纷件数也会增加。于是公司放宽了 SD 手里的包裹问题处理权限,每件提高到 30 万日元。

以前快递包裹时,一旦有包裹破损,SD 必须向中心负责人汇报,然后由中心负责人道歉,再调查损失金额,也就是要询问损坏包裹的价格。中心负责人希望尽量减少损失,于是和客户交涉定下金额。结果出来后还要向上一级的分店长汇报,请求批准。这一等待三周、一个月就过去了。就算客户不再计较包裹问题,也会为解决问题居然要花费这么长时间而恼怒。

当公司将 SD 的包裹问题处理权限放宽到 30 万日元时,我这么指导 SD 和中心负责人。今后只要发生了问题,SD 要在第二天带着现金上门道歉,当场解决问题。这样一来,就算发生问题是无可避免的,客户也能够感受到我们解决问题的诚意。而且,损失还会变小。

关于损失变小这一点,好像大家都不理解。很多人觉得花时间交涉,或许能减少一点损失额。于是我们进一步解释。相信客户提出的金额由 SD 于次日支付的话,损失额就只是货物的价格。而如果由中心负责人花费一个月时间去交涉的话,损失额就是货物的价格加上中心负责人的薪水,甚至要再加上上一级分店长的薪水。所以,让 SD 于次日付给客户是最经济的办法。

优秀的选手失败之后拥有卓越的恢复能力。过人、射门、恢复的技巧,我们希望 SD 能成为在所有方面都很优秀的明星选手,而 SD 们也确实实现了我们的期待。

美国是职业棒球,日本是学生棒球

我认为日本和美国的人事制度是完全不同的。

首先是招聘。在美国,公司明确表明需要的能力,以及向拥有这种能力的人开出的包括工资在内的各种劳动条件,双方同意就签订合同。对于无法发挥合同要求的能力的人,公司将解除劳动合同。彻头彻尾以合同为基础。

另一方面,日本原本就没有多少合同观念。聘用应届大学毕业生时,根本不会用能力、合同之类的词。公司确实是从应届毕业生中选拔新员工,但并不明确表示需要的具体能力。学生那边也几乎没有人在大学在学期间就掌握了市场或信息系统等企业要求的具体能力。企业看的是学生整体的人格和潜在的能力,重视学生能否适应企业文化,必要的能力可以在进入公司后培养。

如果说购买能力,签订合同这种美国做法比较像职业棒球,那么日本的做法则比较像学生棒球。4 月份新生入学后,各种体育社团竞相邀请个子大的学生加入社团,完全不在乎有没有经验。进入社团后由学长在操场上教授技术。当然不是所有人都能参加比赛,但不会因为水平差就被要求退出社团。只要自己愿意,可以一直待到毕业。

找工作参加面试时,学生会被问到在学期间参加的社团活动。如果回答"在棒球部待过",接着会问"成绩怎么样?""不是什么强队,一般参加县里的比赛时在预选赛就会被淘汰。"再追问"那么你呢?"回答"没能列入候补,基本上在捡球。但是棒球部的生活就是我的青春,是我一生的美好回忆"。

如果只是讲述学生时代的社团活动,这些话可能没什么问题。本人很满足了。可是在企业里也这样就麻烦了。

虽然没法成为主力选手(公司的干部),但能在这个公司一直待到毕业(退休),自己的一生就是幸福的。作为本人这样就很好了,可是如果每个人都是这样的话,团队(公司)永远都只能在预选赛时被淘汰。

于是又有人说:企业应该引进奖励机制。但是在日本这是行不通的。因为不可以因为员工能力不够就辞退他。首先,每个人必须拥有的能力是没法规定的,工作也是团队作业的形式。

任何事情都有利有弊。集体主义不利于提高个人能力,但员工对企业的忠诚度高。虽然员工的技巧需要随着时代变迁而改变,但公司可以通过内部培训、采取工种变更等方法来应对。

　　我们生活在竞争激烈的时代，日本企业今后也无法再继续学生棒球式的人事制度。但不等于说匆忙引进美国式的基于合同的人事制度就一定能成功。因为日本和美国的企业文化完全不同。

　　我认为最好是能留下适合日本文化的经营上的优点，改正缺点。棒球队不可能全由主力队员组成，除主力队员之外还需要候补队员和整理场地、捡球的队员。全体队员齐心协力，以大赛的胜利为共同目标每天拼命训练才能最终赢得比赛。负责整理场地和捡球的队员扎实地完成自己的任务，毕业时能够骄傲地说我的人生没有遗憾。这不也是企业经营的目的之一吗？

　　不过，队员太多，妨碍到有限的场地和训练时间的话就麻烦了。所以经营者的任务是注意保持适当的队员。

　　集体主义最大的缺陷是年功序列制度。差劲的高年级学生硬要当主力队员的话，是不可能赢得比赛的。日本最大的缺陷就是采取扶梯式晋升制度的企业太多。高年级学生拉上低年级学生，带头收拾场地、捡球，将全体队员的精神凝聚在一起，这样的团队就是一支强队。所以有必要制定人事待遇制度，使高年级学生能撤回到后方。

　　很多人推荐年薪制度。这当然不错，但我说过很多次，日本的企业不是职业棒球队，而是学生棒球队。聚光灯不能只照着主力选手，我们不能忘记在背后指导低年级学生整理场地、捡球的高年级学生，要为他们完善制度，让他们感受到自我价值。

　　具体来说，有必要从晋升中除去年功序列的要素，通过奖励机制来实现人尽其才。同时采取不问职位高低，只根据对企业的贡献度决定报酬的制度。以表面成绩来做评价是有问题的。

因为即使某个时间点上业绩提升了,那也有可能是前任的功劳。我认为引进评价人格善恶的要素更重要。肯定品格善良的人,从长远角度来看对企业发展是有好处的。像这样自己想办法设计适合日本企业文化的制度不是很好吗?

对日本人来说,工作的意义等于生存的意义

日本和美国根本上的不同在于对劳动的看法。我觉得这是人生观不同的体现。

对多数美国人来说,劳动是为了生存而不得不做的事,是为了获得收入而必须要做的苦役。当然其中也不乏因为使命感而工作的人,但只是少数。以前访问美国公司的时候,曾看到有员工一到下午 5 点下班时间,放下做到一半的工作就回家的。在他们的意识中,在公司上班的时间和在家庭陪家人的时间分得很清楚,我从这种严格划分界限的行为中看到了美国人的人生观。

对退休的态度很清楚地表明了这一点。我曾惊讶地听到美国人开心地谈论还有两年就可以退休专心享受高尔夫了。

大家可曾听到过日本员工开心地谈论还有两年就退休?因为退休而开心的人在日本依旧是少数派。快退休的人去各个办公室告辞,一般大家都会说您辛苦了,却拿不定主意要不要道贺。

对劳动者来说休息日是开心的日子。最近周休两日制度已经稳定下来,大家可以好好休息了。这也很让人开心。不过退休之后每天都是休息日的话还会觉得开心吗?无论拿多少养老

金,每天都休息能说是快乐的人生吗?

对日本人来说,工作就是人生存的价值。当然也有人为了收入不得不去做不喜欢的工作,这种时候大概只会把劳动当成苦役吧。但是我觉得大多数日本人在工作中感受到了生存的意义。

特别是对公司有的归属感强和参与工作的意识强这两点可说是日本人的特色。为什么要在下班后和公司同事随意走进一间挂着红灯笼的小酒馆,边喝酒边说说上司的坏话呢? 如果讨厌公司或者讨厌上司的话,忘掉公司的事情直接回家就好了。我不认为大家是因为讨厌公司而特地去酒馆说上司的坏话。还不如说,正因为大家喜欢公司,所以才一边喝酒一边提出批评意见。

如果我是社长的话就这么经营,如果我是科长的话就改变做法。批评社长、科长其实是因为认同自己是公司的一员,对公司有参与意识所以一直在思考。在小酒馆说公司的坏话其实是热爱公司的证据。我觉得,这实际上是很有建设性的态度。问题在于,他们是在非正式的场合表达还是在正式的场合表达。每个员工对公司都有意见,只不过在非正式场合说的话是批评的言论,在正式场合说就是建设性的意见。日本人都有潜在的参与意识,经营者应该要努力将其引导出来。

让员工参与经营,就是给予他们工作的意义。工作的意义,对于日本人来说就是生存的意义。也就是给予了员工不同于金钱的另外的喜悦。

有干劲的员工团队

即使公司员工人数相同,有干劲的员工和没有干劲的员工创造出的劳动成果完全不同。怎样才能让员工保持干劲呢？这是经营上的一大课题。

首先设想一下什么样的情况会导致员工不想做事。工作有了，目标也明确了，而且具体的做法也清清楚楚地讲明了。即使自己心里觉得有更好的方法，可公司不允许改变做法。说的不就是这种情况吗？

如果上司解释了经营目的，再说明公司综合考虑了和其他员工的关系，认为指定的方法比较好的话，员工也会接受。但如果没有任何说明，员工觉得自己想的方法更好而上司不同意改变，这样大概谁都无法释然，做事自然就马虎了。

日本人受教育程度很高。不仅在白领阶层，蓝领阶层里也有很多人接受过高等教育。而且对公司有强烈的归属感，非常热爱公司。对这样的员工，公司没必要一一指示具体的工作方法。指示反倒会招来排斥。基本上人都不喜欢别人特别具体的指示，让他自主行动会感觉好些。在蓝领阶层也是一样的。其实大多数情况下蓝领阶层的工作让他们自主去做反而更好。

那么，怎么才能让全体员工拿出干劲，自主且自律地完成任务，拿出成果呢？这里的关键词是交流。具体地说，首先要明确企业的目的，明确应达成的目标，说明时间上的限制，说明竞争对手的状况，表明公司的战略方针。在这个基础之上各自考虑具体的战术。而且要令人信服地说明采取这种做法的原因。

但是组织越大，公司内部阻碍员工提起干劲的人就越多。必须注意的是，这些人往往是直属上司。特别要注意在职时间长的老员工。这种人有种倾向性，特别容易要求下属按照自己从工作经验中总结出来的方法做事，另一方面又不善于解释公司的方针,或为什么要按照这样的方式去做。公司内部的交流沟通经常到这里就中断了。所以负责推动沟通工作的中层干部责任重大。他们能否完成任务关系到公司内部能否形成有干劲的员工团队。

基层员工们充满干劲地投入工作。而社长和基层员工之间隔着好几层,沟通上可能会产生问题。只有人和人之间正确地传达了信息,沟通体系才能顺利运转。但实际上正确传达信息本身就是很困难的事情。人都是将耳朵听到的东西在脑子里进行整理、取舍之后再传达给别人,在这个过程中往往会出现错误。所以社长和基层之间的管理层越少越好。

说是这样说,可将社长和基层直接联系起来是很难的。在雅玛多运输,社长和各地区的分公司总经理可以在每月一次的经营管理工作会议上直接沟通。分公司总经理和基层的 SD 之间还隔着有分店长、中心负责人,保持这中间的渠道畅通是很重要的。

同时,为了能正确地传达信息,表达的准确性也很重要。只要求提高营业额、确保利润的话,听的人只会感到是在训示或是说教。这不能说是正确的沟通之法。所谓沟通,内容必须具体而不暧昧。像"先服务,后利润"这样的句子就很好,简洁明了。

都说企业要像金太郎糖一样,无论从哪一处切下去,切面都是同一张脸。金太郎的脸不能设计得太复杂,要单纯明快,这样才能保证所有的切面都是同一张脸。社长必须时刻努力向员工传达自己的姿态和声音。而且不仅是在公司内部,还要通过媒体宣传自己。训练自己在任何场合都能简洁明了、条例清晰地说话是很重要的。

　　接触客户的机会越多,越能培养有干劲的员工。从这个意义上讲,可以说第三产业比制造业更容易创造出全员经营的体制。当然只要给员工思考的余地,制造业里也能培养有干劲的员工。我认为,宅急便在全员经营上得益良多。

第10章
在经营中灵活使用工会

　　雅玛多运输的工会有时候比经营团队更早提出经营战略。"宅急便干脆实行全年无休的服务吧!"——这个意见是由工会提出的。工会为什么要提出提高劳动强度的提案呢? 只能是因为基层的 SD 们希望回应客户的需求。这就是第 9 章所讲述的"全员经营"取得的成果。

　　雅玛多运输也曾发生过公司和工会的严重对立。之所以能从劳资对立转变为劳资合作,也是因为在刚开始宅急便业务的时候,大家领悟到公司和工会的命运是紧紧联系在一起的,进而废除了徒具形式的劳资谈判。

　　现在,劳资双方正在共同努力提高劳动条件。这种思维方式已经在我们公司落地生根。

工会的作用

　　几乎所有公司里都有工会组织。当然也有例外。也许有些企业规模太小,所以没有工会。但是中等规模以上的公司里肯定是有工会组织的。说实话,大概很多人都觉得没有更好。

我也曾经这么想过。因为工会完全沉浸在表象的世界里，绝对不说真心话，非常教条主义。战后不久雅玛多运输刚成立工会的时候，他们还很若无其事地说过就算公司倒闭了，劳动者也能幸存下来之类的话。

对他们春季罢工斗争时提出的工资要求，我们从公司的实际情况出发尽量给予了回应，可他们却说靠这么点工资哪里活得下去。亏得他们每天晚上都喝酒，居然还能讲出这种话。

当时的工会干部只会煽动工会成员，很少有人有责任感，抓住时机说服大家适当进行妥协。所以为了达成协议，常常不得不追加一些金额。让人吃惊的是，经常在协商好之后，刚才还态度强硬的那些人又会说什么公司拿出这么多行吗，是不是出得太多了啊？

前任社长小仓康臣经常说："热爱公司员工，敲打工会成员。"我刚开始不太理解这句话的意思。同一个人，当他作为公司员工时，会常识性地考虑公司的情况，一旦戴上工会成员的头衔，发言马上就变了。在和他们的接触过程中我完全理解了社长的话。

那时，工会和公司双方对峙互不信任。工会叫嚣"公司总是隐瞒真相"，公司也觉得"工会总是不说实话，尽讲些场面话"。所以，工资谈判时也是先讨价还价，在第一次交锋中故意定下很低的底线，谈个四五次，一点点地涨上去，妥协的结果经常是最后给出的结果其实比原来预计的金额还低，却还要装模作样地说什么没办法，我们也只能勉力而为。

我已经不记得提过多少次，咱们别浪费时间，停止这种没有建设性的谈判。但是工会的说法是，我们也知道没有建设性，但是一次答复很难获得众多工会成员的认同，形式上有必要多谈几次。于是只好继续。

雅玛多运输的工会算是比较稳健的，可几天之后却又说不搞一次罢工，工会就保不住了。在 1961 年春斗时，他们组织了一次 24 小时的罢工。最开始说好，最大的客户三越百货的业务不算在罢工范围内的，可是由于工会成员的强烈抵制，最终三越的业务也暂停了。

当时，我担任百货部长，直接负责业务。独家代理商罢工肯定会降低信用。这个消息让我非常愤怒。这时，社长小仓康臣让我跟着他去见三越的社长岩濑英一郎。见到岩濑社长，首先为给对方带来的麻烦表达了歉意，再说明如果为了让工会停止罢工而给予不合适的涨薪额度的话，甚至会导致送货费用提高，所以不得不让工会罢工。岩濑社长当时没有对遭受雅玛多运输罢工影响发一句牢骚，反而鼓励我们："我明白了。加油吧！"

那时，我对父亲小仓康臣本是持批判态度的，可在那一刻，我从父亲身上学到了经营者应有的态度，对他充满敬意。父亲大概是为了教导我才让我跟着来的吧。

小仓康臣社长虽然很不愿意向工会妥协，但为人很有人情味。工会的干部也很清楚他的性格，所以到最后关头就会来哭诉。每到这种时候，社长往往会放弃原则同意他们的要求，收尾工作最终又转到我这里，每每让我生气。这些经历也导致我对工会一直持批判性的态度。小仓康臣社长大概是看到不通人情世故的我抓住大道理不停攻击工会，所以想告诉我经营企业不能一味依赖理论。到今天我才真正明白了这个道理。

同一个人，站在公司员工的立场上和站在工会成员的立场上讲的话截然不同。最初我也很惊讶，然后意识到这也是无可奈何的事。在战后工会运动风起云涌的时候，劳动者的劳动条件得到了飞速提高。当然，员工作为工会成员的自觉也得到了增强。

这里有一点不可忽视。工会的职能之一是检查企业经营状况。

所有公司都成立了由劳资双方构成的经营协商会。由于小仓康臣社长从"经营协商会"这个词汇里嗅到了想介入经营权的气息，产生了反感，所以固执地在雅玛多运输内部使用"业务振兴协商会"这个词。至今雅玛多内部依旧这么称呼，实际上和经营协商会没有什么区别。

在宅急便业务开始前，雅玛多运输决定采用"全员经营"体制。听到这个消息后，有个工会的干部就来抱怨了："你一直宣传全员经营以及这种体制的好处，其实是企图击垮工会组织吧。"我大为吃惊，说："完全没有的事儿。你怎么会这么想呢？"他回答说："公司全体员工都成了经营者的话，不就没人加入工会了吗？"嗯，确实有点道理。

于是，我赶紧解释说，公司没有蓄意要摧毁工会。我甚至觉得没有工会根本无法经营。我们经营着公司，明确了方针，设定了具体目标，可是这些能否传达到公司的底层，其实很让我们不安。管理层一直说没问题。我心里没底，可是也没法调查。但是在召开劳资会议时，工会有几次指出："公司的干部们说得都很好听，可你们知道部分基层人员的做法和公司的指示完全不同吗？"事后调查发现果真如此。

也就是说，管理层根本没怎么去基层看过，尽写些讨巧的报告给社长,不好的报告一律不交。果真如大家所说,社长是孤独的。而弥补这种孤独和由此产生的弊病的就是工会。所以我觉得讲极端点,没有工会就无法负责任地开展经营。

一年到头不停喝酒恐怕会得胃溃疡。饮酒过量后,第二天胃丝拉丝拉地痛,于是想要控制喝酒。如果无论喝多少胃都不痛,自然就会忘记节制,结果可能真的会得胃溃疡。所以胃不好的时候,丝拉丝拉的痛对本人来说反而是件好事。

在公司经营上也是一样。状况不好的时候感觉痛,反而是能够持续健康发展的必要条件。我认为,工会的作用就是让我们感受到痛。

当工会抱怨全员经营时,我向他们解释,自己完全没有搞垮工会的想法,最终获得了他们的理解。

不裁员的方法

工会对企业来说是不可或缺的,每个企业的工会性格都不一样。经营者都希望自己公司的工会能采取劳资协商路线,配合公司的方针,但很难完全如愿。既不能介入工会的运行,工会成员的意识又很强,根本不可能建立御用工会。

但是,经营者的态度也可以改变工会的想法。

劳资问题的核心是,让员工即使站在工会成员的立场上,也能说出作为公司员工的真心话并采取行动。

劳资问题归根到底是劳资之间的信任关系。那么,就要从让工会信任经营者开始。

自从 1961 年发生了 24 小时罢工之后,雅玛多运输的劳资关系一路恶化。1973 年石油危机的时候，雅玛多运输大约有 6 500名员工。为了保住公司只能精简人员。但公司绝对不愿裁员。于是，我去工会寻求帮助。

现在"雅玛多号"位于风暴的正中间，随时可能沉没，不减轻一点船上的重量的话，就有沉没的危险。但公司不会要求船员们跳海。扔掉随身携带的物品，留下最低限度的食物，大家一起扛过去。既然不裁员，那么至少希望大家在削减薪资上予以合作。等风暴过去后，一定会填补缺口。

同时，公司完全停止招聘，并辞去临时雇员，终于度过了危机。期间没有解雇任何一名工会成员，所以工会也很感激。

开始宅急便业务之后，每年都会招聘大量新人，但因为有这次的经验，所以招聘一直很谨慎，不会无原则地增加人员。我们的具体做法如下：

首先，员工的种类基本分为正式工、准员工、合同工，聘用的时候，根据安排的工作选定员工的种类。首先，像 SD 这种直接接触客户的工作由正式工承担，此外，比如说会计、分拣等后方部队，尽量使用准员工和合同工。同时，提高女性员工的整体比例。以上这些是原则。

员工享有权利的同时要履行义务。正是考虑到劳动者和公司双方的情况，才将员工分为三种不同类型。

正式员工一天工作 7 小时，一周工作 5 天。退休年龄为 60 岁。准员工的工作时间和正式员工相同，雇用时间为一年，每年签约。准员工主要以夫妻共同工作家庭的妇女为对象。夫妻双方都工作的妇女会在合适的时期工作，但不会工作一辈子。想工作一辈子的人都希望成为正式工。合同工针对希望工作条件有别于正式工的人,比如选择一天工作 4 小时、一周工作 3 天等短时间工作的人。

之所以希望增加女性员工,是因为由于结婚、育儿,女性一般工作年数比较短,而且公司希望能在人手不足的时候也能雇用到优秀人才。所以无论是事务性工作还是劳务性工作,我们都希望尽量雇用更多的女性。

将员工种类多样化的目的是为了万不得已的时候可以缩减雇用。事实上,是出于对企业"安全网"的考虑。

1999 年 3 月末,雅玛多运输的员工总数达到 74 880 人,其中正式工占 53%,准员工占 3%,合同工及临时工占 42%。另外,女性员工的比例在宅急便开始时,也就是 1976 年时只有区区 5%,1999 年 3 月末就增加到 28% 了。

解雇是工会最大的问题也是最讨厌的问题,因为关系到工会的组织。所以必须时刻想办法避免事态恶化导致裁员。

工会也非常理解公司将员工种类多样化,建立安全网的想法。员工增加意味着工会成员也会增加。但是,他们希望的不是大量增加成员,而是先保证现有成员的生活,再慢慢扩大组织。

建立劳资间的信任关系

公司在 1979 年制定了正式工、准员工、合同工等多样化的员工制度。但在 1972 年时,公司就根本性地改变了人事制度。

按照之前的人事制度,员工的工种基本上分为事务性职位(白领)和劳务性职位(蓝领)。事务性职位从新员工到最高管理职位形成一条笔直的升迁系统,可以根据工龄和努力升职。但是,司机或搬运工等劳务性职位尽管也能够升到和事务的一般职位相当的等级,但无法担任管理职位。要想担任管理职位,必须先变更成事务性工种。

劳务性职位中有不少资深司机经验丰富又有能力,都能做到营业所长的位置。但是要变更成事务性工种必须接受笔试,很多人因为不擅长笔试而只能一直待在司机的岗位上。

实际上工会的干部中蓝领阶层占压倒性多数,事务员多半不愿成为工会干部。对蓝领阶层来说成为工会干部也算是一种出人头地的方法,在谈判席上和公司的经营团队对等交锋是很了不起的事。所以一旦成为工会干部,为了能再次当选,很多人都会采用强硬的言行来博得工会成员的拥护。本来能当上工会干部的人很多都很优秀,其中不少人甚至比管理人员想得更周到。

于是,在1972年,公司修改了人事制度,统一了事务性职位和劳务性职位,废止劳务这种说法,统一使用员工一词。工会成员们将这些动作通通视为好意接受,由此,对公司的信赖感也越来越强。

还有一件事是在想办法提高工会信赖感时留意到的。在不形成过大影响的情况下,应该对工会说明公司经营方面的重要问题。

我年轻的时候也认为,向工会谈及或讨论公司的经营问题是不合适的。经营者的职责是保证公司的业务顺利进行,工会的职责是谋求提高工会成员的劳动条件。双方利害关系相反,因此时常发生对立。

但是,在那之后,我开始觉得情况其实并非如此。同一个员工,站在公司员工的立场上和站在工会成员的立场上讲的话是不同的。所以有必要反省一下自己是否在聆听时太过于介意对方立场的不同了。

在打算开始宅急便业务时,我特别注意积极和工会商讨计划和运作方式。一开始就开诚布公地商量的话,没人心怀恶意。如果端着决定后再告诉工会的态度的话,他们肯定会反对或提出附加条件。一旦什么事情都先和工会谈,能逐渐使他们不再感受到自己作为员工和作为工会成员的立场的不同。

工薪阶层最感兴趣的是有关人事变动的传言。每年春天,大家都乐此不疲地议论着周期性的人事变动,谁大概去哪儿,谁大概要升职等。大家觉得工会干部平时和公司干部接触比较多,肯定知道很多人事方面的信息,所以经常找他们打听情况。

雅玛多运输通常在春天进行分公司总经理级别的人事变动。重要的人事属于干部会议的决议项目,但议案不仅是这些。经常在除人事议案之外的所有议案结束后走出会议室时,发现有关人事的信息已经传遍了公司。也就是说干部当中有人中途将人事方面的信息传了出去。这些流传到基层的信息又反过来传到工会干部耳中。

所以,我们在召开关于重要人事议案的干部会议时,请工会干部在会议室隔壁的接待室待命。人事议案一定下来,我就装作去上厕所偷偷拐到接待室,然后直接向工会干部宣布决议结果。也就是说,工会干部是公司里最早知道人事变动信息的人。虽然是些小事,但这些细微的关怀构成了信任的基础。

有人很重视公司高层和工会高层之间的沟通。但我对此持否定意见。的确,高层之间直接推心置腹可以相互了解对方隐秘的真正想法,这是有利之处。但是,越是隐秘的信息越倾向于掌握在高层个人手中,难以与经营干部共享。高层之间可以制定微妙的策略,但相互间的交易反过来也可能成为束缚。

特别成问题的是,如果双方的接触是秘密的话,那么多半是在公司外面安排酒席。只要是秘密,想守住都是困难的。高层之间有接触这种消息迟早会传开。肯定会有工会成员认为劳资间相互勾结,持批评立场的人就会增加,那么弊就大于利了。

我认为劳资双方的干部坐在一起喝喝酒开诚布公地谈谈心是很有必要的。但是,必须是公开的行为。没有正当名义的喝酒聊天,很容易招来一般工会成员关于劳资勾结的批评。

雅玛多运输里有个惯例,从劳资双方抽选同等数量的人参加健康保险工会和厚生年金基金的代表会,会议结束后,大家一起出席一个简单的站立式冷餐会。另外,每年正月,劳资双方的代表在高尾山药王寺举行祈祷交通安全的护摩式仪式,之后大家团团围坐吃火锅。这些都是公司的惯例。还有,在神奈川厚木分店里举行北条五谷神的初午祭时,由社长担任祭主祈祷公司繁荣昌盛,祭祀结束后劳资双方一同参加分食供品的宴会。这也是每年的一个惯例。

我们积极开展在公开场合的会面,但尽量避免容易招来误解的私下场合的会面。正因为我们的谨慎小心,才做到了在不招致工会成员批评的前提下,真正交换意见,协调劳资关系。

如何获取基层的信息

公司内部流传的信息有两种,从上往下传的和从下往上传的。

从上往下传的信息基本上是公式化的信息,通过公司的正规途径流传出去。可以说传达信息是公司管理层的主要职责。

另一方面,从下往上传的信息几乎没有通过管理层传达的。从下传来的信息里最主要的是客户的不满。这是非常重要的信息,必须尽早传达到上层,可是却几乎没有通过管理层渠道传递的。究其原因,客户的不满对管理层来说不是好事,所以想尽量隐瞒。

但是,对于公司来说没有比客户的不满更重要的信息了。如果这些不满不能迅速而且正确地传达到公司顶层,就无法维持公司的商品和服务的质量,难免败给竞争对手。可是,管理层却想尽一切办法隐瞒这么重要的信息。

那么,谁能向公司传递这些重要的信息呢? 答案是工会。

我于 1991 年 6 月辞去了董事长职务,就任董事顾问一职。不是单纯的顾问,而是兼任董事,就是因为担心宅急便成功后,公司整体缺乏危机感。一个万一就可能导致业绩恶化,我是为了到时候能有发言权,所以才保留董事职位的。

刚当上顾问之后不久,基层的各种问题就传到了耳朵里。多半是隐瞒交通事故。

一旦发生事故,当事者应当立即报告上司,采取必要的措施。肇事者本人可能会根据情况受到处罚,承担若干金额的赔偿或被扣除奖金,上司则不受任何制裁。即使如此,隐瞒事故不报的情况还是屡禁不止。我头凵尢法理解这种心理,也许是职业管理人员潜在的行为意识吧。

一旦发生事故,当然要出钱修理车辆和付赔偿金。这笔钱本当由公司支付,可是由于隐瞒了事故,公司当然不会支付。结果当然还是在上司的权限范围之内出钱支付,但基本上是假托零工工资的名义来支付。

在基层这是众所周知的事实。但直接告知公司的话就成了告密,所以大家都很犹豫。于是就通过工会的渠道向公司发出警告。

我就任顾问后发现这种事情多得令人吃惊。这样下去,不就像不断被白蚁啃噬的房屋一样吗?想象一下不久的将来,公司因为腐败而破产的样子,我就不寒而栗。

于是,在两年后的干部改选期间,我忍辱负重重新回到了会长的位置上。我决心在两年的任期内净化公司,重新打好经营的根基。

会长任期两年。但我不打算作为干部继续留任。我觉得任期再长的话反而会变成坏事儿。

1889 年出生的创始人小仓康臣,到了 1969 年,在右半身不遂的情况下,依旧不打算让出位置。我是在 1971 年 49 岁时才接的班。那时他已经 82 岁了。我亲身感受过社长老迈带来的弊端。所以,我打算在自己还健康的时候,制定并实行干部退休制度。最终我决定将雅玛多运输的社长退休年龄定为 63 岁。

63 岁时辞去社长一职,之后当了 4 年会长,然后又从顾问重新当回会长两年。再做下去的话,员工眼里只看得到我,对公司来说没有好处。所以,1995 年 6 月,我辞去了在雅玛多运输的一切职务。

那是 1996 年的事情。因为某个偶然原因,我去了一趟雅玛多运输的总部,一个从没见过的工会干部叫住了我。基层的推销驾驶员(SD)曾经对我说过——他一开口就这么对我说。"听说最近有不少客户反映,如果雅玛多的宅急便能在除夕和元旦两天的休假日营业的话,就帮了我们大忙了。你们能不能想点办法啊。"据工会干部说,反映这个意见的 SD 不止一两个人,而是很多人。

自 1982 年 10 月起,雅玛多运输在周日和节假日也开始营业,每年的休假日只有除夕和正月一号、二号的三天。那个干部说好些 SD 希望这三天也不休息,即完全年中无休。所以想在接下来的业务振兴协商会(也就是经营协商会)上作为问题提出来。他想问问我的意见。

听到这些,我既惊讶又感动。这说明下层的交流运转得很完美。经过业务振兴协商会的讨论,公司决定从 1996 年 12 月的除夕,开始实行全年无休制度。

如果由公司方面提出废止每年三天的休假日实行全年无休的话,站在工会成员的角度考虑,工会大概不会马上表示赞同吧。不难想象,即使赞同也会提出各种附加条件。正因为是由 SD 通过工会提出议案,所以才能避免纠纷,非常顺利地决定下来。

不过这个故事里还有一条伏线。

从 1994 年开始,邮政省和雅玛多运输之间开始了一场"信用卡战争"。信贷公司在信用卡更新的时候,用 430 日元的普通挂号信邮寄给顾客。雅玛多运输趁机推出了 350 日元的快递服务。邮政省发了封警告信,说宅急便快递信用卡违反了邮政法。这就是事情的起因。

雅玛多运输主张,信用卡不属于书信类,而邮政省主张,正

因为信用卡归属于书信类,所以违反了邮政法,要处以 3 年以下
徒刑。当雅玛多运输面对邮政省的检举,摆出在法庭一争胜负
的架势时,邮政省推出了新服务——240 日元的"邮政记录服
务"。雅玛多运输不打算降价竞争,所以这场战争也就不了了
之了。

曾经主张过邮政民营化的工会,当时显示了举全组织之力
和邮政省一战的态度。而且,为了能取代贺年卡的邮政配送业
务,将年终年头的营业体制的确立列入了工会运动方针里。这
也促成了后来年中无休制度的顺利过渡。

而后一心同体

雅玛多运输的工会组织成立于 1946 年。前任社长小仓康
臣认为,今后是民主社会,工会组织的成立是必然的。与其将来
受外部影响,不如自己先建立健全的工会,所以怂恿公司成立了
工会。

因为是本企业内部的工会,基本上比较稳健。只是还有日
本工会总评议会系统的运输业界的上层团体存在,作为应酬,日
程上预定的斗争是例行的活动。员工对公司的归属感强,只是
作为工会成员时,从头到尾讲些冠冕堂皇的话让人心烦。

1976 年开始宅急便业务后,也因为和业界其他公司的业态
不同,工会多和公司保持一致步调。

这种倾向加强是因为公司对工会的看法发生了变化。公司
曾认为工会是和公司对抗的组织,并基于这种认识采取了对立
妥协的路线。提高员工的劳动条件是劳动密集型产业运输业经

营的一个重要课题。但应该是渐进式的提高，所以对工会的要求，公司以慢半拍的节奏来应对。而这种姿态又成为工会对公司不信任的原因。

宅急便业务开始之际，我希望把培养公司和工会的命运共同体意识作为工会对策的基础，为此努力避免可能引发矛盾的事情。

劳资双方既然共同拥有提高劳动条件的方针和目标，那么也必须为找到实现目标的方法共同承担责任。在公司里，随着想法的落实，劳资间的一体感更加强烈了。

象征着劳资一体的行为之一是，1985 年 2 月，雅玛多运输的工会针对上层团体的运输工会联盟抛出的"反对放宽限制的运动方针"表明的态度。雅玛多的工会要求从运动方针中删除反对放宽限制的项目。

以此为契机，雅玛多运输的工会组织明确表达了自己的想法，使运动方针和公司的经营路线达成了一致。并且，在 1996 年总选举的时候，工会举全组织之力支持主张邮政事业民营化和私企参与的细川护熙原首相及自民党的小泉纯一郎等候选人。

公司和工会组织一心一德，好像夫妇一样。由此获得的经营方向、战略等方面的一致，成为在市场经济激烈的竞争中发挥巨大力量的原动力。这件事很困难，但并非不可能。几天时间做不到，但只要日积月累地努力就一定能够实现。

第11章
业态特色化

所谓业态,正如字面所显示的,指的是某种事业独特的形态。比如说,同样是"零售业","超市"和"便利店"就是不同的业态。

宅急便与一般的货车运输不同,是一种全新的业态。因此,必须设计开发新的硬件、软件和人力资源。根据宅急便的内容,自己设计宅急便配送用的车辆、分拣包裹的机器、车辆运行管理、包裹追踪系统、SD 操作手册等,并借助专家进行开发、改良。

业态特色化需要考验创业者的知识和创意。希望读者能从本章中领会到,左右事业成功与否的是,能否预见到事业的独特性,并使之彻底"业态特色化"。

何为业态特色化

最近业态特色化这个词经常被提到。以前只讨论业种是什么,而现在同一业种中存在多个不同的业态,所以有必要弄清楚各种业态的不同之处。

举几个有代表性的例子吧。我认为业态特色化这种说法是从零售业开始的。最初引起大家注意的是大规模小卖店,即超市这种业态。

超市在流通革命的大潮中华丽登场。作为大量生产和大量消费之间的流通桥梁,超市一边以拥有商品零售价格制定权为目标,一边不断扩张店铺。通过在全国各地与当地小卖店的竞争,超市稳稳收获了革命的胜利。

大量采购、大量销售使大幅降价成为可能,贯彻大规模的小卖店这种经营模式带来了超市的繁荣。那之后过了将近半个世纪,各地林立的超市过度竞争导致业绩恶化,有些地方甚至退出了市场。

另一种新的业态又闪亮登场了。那就是便利店。很多便利店就是脱胎于超市的子公司,目前作为流通业的主角已经成长为凌驾于超市之上的大型企业,拥有上千家连锁店。

这背后是一种特殊的业态的发展。为了控制极其狭小的商圈而增加店铺。为了在狭窄的店铺空间内提高效率而设置多品种商品并不断更新种类。采取 24 小时营业和全年无休的营业方式。使用一天数次的高频率商品补充体系。店内只聘用少量员工。便利店能在竞争激烈的零售业中取得压倒性胜利的原因,就在于贯彻了这些为了体现便利性而采取的业态。

除此之外,出现在大城市郊外的仓储式超市同样成长显著。在地价相对便宜的市郊修建大型店铺,以式样繁多的商品和廉价销售为武器,担起了流通革命的一翼。路边店以销售男士服装和车用品起家,现在经营范围扩大到书籍、眼镜、鞋子等,成为一种引人注目的新业态。

所谓业态特色化并不是现在才开始的。特别是在餐饮业里完全不是什么稀罕事,反倒可以说是理所当然的。从战后札幌的拉面连锁店、吉野家的牛肉饭到最近的罗多伦、星巴克等自助咖啡店等,纷纷采取有特色的营业模式,突出自身特点。

运输业界也能举出不少业态特色化的例子。比如说专门运输石油产品的油罐车运输和通过混凝土搅拌车运输形成的水泥销售等。混凝土搅拌车运输是很有特色的,一边运输一边混合搅拌水泥和骨材,想出这种方法真是很了不起。

所谓业态特色化,就如刚才所指出的,限定营业对象,目标是在服务和成本上彻底甩开竞争对手,始终追求高效率。

但是,令我吃惊的是,有人认为宅急便在货车运输业界不过就是和一般货物集中运输一样的业态。实际上宅急便和商业货物的集中运输是完全不同的业态。

1976年开始宅急便的时候,我的目标就是开发一种和以前小宗货物集中运输完全不同的新的业态。

以前的小宗货物集中运输,也就是固定线路的货物运输,是和一般的客户签约,再通过定好的线路运行车运送货物。可以说是和运送乘客的公共巴士基本一样的东西。相反,区域货物运输,又称作包租货车运输,是和特定的客户签订运输合同,按照客户的指示专门运输。相当于客运中的出租车或包租车。

在宅急便之前,无论是法律上还是事实上货物运输的业态都只有线路货车和包租(区域)货车这两种。宅急便是不同于其中任何一种的全新的业态。

宅急便采取统一收费,将不特定多数的客户寄出的包裹通过建设完成的运输系统送往全国各地。它和邮政包裹是同一类型的服务,之前的货车运输领域里从没有过这种形式。

关于宅急便的业态,我们设定的目标是综合硬件、软件和人力资源三者,创造一个新的体系,将收货、运输、配送等部分体系联动起来,最终形成一个完整的体系。

宅急便的起点是推销驾驶员(SD)从不特定多数的客户手中收集包裹,以前的货车运输里没有这项工作。事实上,所有的工作都是从收货开始的。

收货系统的根本在于开发被称作"厢式货车"的集配专用小型车,制定 SD 的操作手册以及培训。同时并进的还有代理店的配置和管理。

通过收货车或代理店将包裹集中到中心,再选定配送店,指定包裹编号,将编号输入电脑。然后将准备好的包裹装车运往基地,再按送货方向完成分拣工作。到此为止的流程属于收货系统。

运输系统包括在基地里通过自动分拣机将包裹按到达店分类和装车。当然,还包括运行时间表设定和运行管理系统。运行车一到基地,马上就将包裹移送至配送中心。

配送系统负责将送到中心的包裹分别装上集配车,然后由 SD 上门配送。至此,结束所有流程。

收货、运输、配送等各系统连贯构成一整套信息系统,为保证所有包裹按照正常流程运行,需要不断检查整套系统的流程。

和丰田联合开发厢式货车

关于货运卡车,作为用户,我们老早就想提出要求了。因为不满实在太多了。

　　所有的卡车制造商都宣称"我们的车都是好车,油耗少,引擎马力强,很结实,稍微多装点货也承受得住"。确实,有不少人觉得这就是好车了。但我不这么认为。

　　好的货车有三个基本条件:方便装卸货物,方便司机上下车,方便在装货平台上工作。从这个角度看,现在市场上销售的车都不合格。

　　货车的使命就是运载货物。所以,在行驶方面当然重视经济性。但同时,装载货物也是绝对条件。只有装上货物开始行驶才能赚到运费。操作性能比行驶能力更重要。特别是在运输业这个劳动密集型产业中,必须以操作性能好,劳动效率高,也就是节省劳动力为最优先考量。

　　现在,市场上销售的大型货车说起来是以大量运输为目的,实际上完全没有考虑过如何装卸货物,都交给用户自己想办法。最近出现了一种后面安装了尾门升降机的车。除此之外,适合集装箱系统的车型的开发和双节挂车的开发等很多部分都落后了。

　　小型的集配用面包车,操作人员进入行李厢时会碰到头,很让人恼火。生产厂商就完全没想过在包裹存放处工作的人不得不弯腰作业吗?

　　而且,司机下车的时候,从面向车道的右侧下车是很危险的。日本是左侧通行,所以应该从左侧下车。副驾驶席阻碍了司机从左侧下车。那么,副驾驶席是不是必需的呢? 看看街上行驶的小型货车,由司机一个人驾驶的占压倒性多数。专业的运输公司更是如此。就因为用和小客车同样的思维来制作,所以给货车也加了个多余的空间。如果拆除副驾驶席,让司机能直接从左侧下车,既能避免危险,又能提高工作效率。

说起来,工作中 SD 上下车的次数本就很多。一天 80 次左右不在话下。从右侧下车,先要确认后方没有来车再开门,下车后还要绕到左侧的人行道上。如果没有副驾驶席,直接从左侧下到人行道上能节省不少时间。以一次节省 15 秒计算,一天 80次就能缩短 20 分钟。每天都是如此,计算一下一整年下来节省的人工费,绝对不可小觑。

宅急便的厢式货车(生产厂商丰田汽车的商品名是 Quick Delivery)名称的由来,是因为司机可以直接从驾驶室进入行李厢。常见的小型货车,司机要进入行李厢必须先下车,绕到车后,打开后车门再上车。不仅费工夫,下雨时还会淋湿包裹。使用宅急便的集配车,SD 可以直接从驾驶席进入行李厢,找出包裹,然后从左侧下车送货。行李厢里搭载有为低温宅急便设置的冷藏柜,驾驶室里还配有无线电设备、现金收纳箱、办公桌等,可兼做办公室。而且行李厢车顶高,不会碰到 SD 的头。

为了开发宅急便专用的集配车,我们找过一直来往的生产厂商,但没能从任何一家公司获得爽快的答复。正烦恼的时候,以前从来没有业务往来的丰田汽车找上门来,提出帮助我们开发。雅玛多运输的员工用胶合板做成模型,详细说明有特别要求的地方,还请对方画图纸,边制作原型车边修改,终于完成了这款特别定制车。

丰田汽车花费了大量精力,所以公司决定以后厢式货车由丰田独家供货。其他公司看到完成后的车型,异口同声地表示这样的车他们公司也可以采用。不过这都是马后炮了。

1999 年 3 月末,雅玛多运输共计保有小型集配车 2.4 万辆,基本上全是丰田车。开发厢式货车之前丰田汽车和我们完全没有业务往来,这次他们抓住了一次大商机。

引进自动分拣机

宅急便业务开始时的一个课题是是否引进自动分拣机。那时,在日本自动分拣机尚未付诸实用。当然,工厂里布好了各种装配线,自动化输送系统并不罕见。但是在货车运输业界,至今也只是偶尔使用被称作"输送机"的输送系统。所谓输送机,是在货物装卸平台的地板下方埋入不停旋转的链条,再牵引上平板车的运送装置。现在几乎已经不再使用了。

宅急便必须在非常有限的时间里将大量的包裹按送货地点分拣好,所以引进自动分拣机是有效而且必要的。

于是我们调查了一下,自动分拣机按分拣方式分为两大类:摇臂式,托盘式。

摇臂式结构。铺设传送带,将包裹放在传送带上,当到达按方向设定的滑道时,摇臂(档杆)碰触包裹使之进入滑道。在传送带的入口处安排负责操作按键的人员,看着贴在包裹上的送货地址的代号按键。这样,包裹移动到指定的滑道时就会被摇臂推着进入滑道。

托盘式结构。将包裹放在沿轨道运行的长宽 50 厘米、四方形的旋转平台上,同时输入应该排除的滑道的编码。当包裹达到指定的滑道时,托盘旋转 90 度使包裹落入滑道。

这两种方式各有利弊,难以确定哪个更好。考虑到宅急便的包裹大小不统一,最终决定采用摇臂式。我们决定引进瑞典森特维克公司的产品。

几乎所有类型的机器每小时的分拣能力都能达到 7 000～8 000件，但按键操作工的能力却是有限的，他们需要盯着从眼前通过的包裹，辨别按不同目的地归类的代码编号，然后按键。所以，实际上达不到那么高的数值。实际的数值是按键操作工每人 3 000 件，也就是说如果安排两个操作工能达到一小时6 000 件。

现在，雅玛多运输的各个基地都铺设了两条森特维克公司的自动分拣线。有趣的是，各基地还同时设置了两条人工分拣线与自动分拣线并行。人工分拣线，单纯只是让操作人员站在传送带两侧，看见自己负责区域的包裹传过来了就用人力拨到一边。

人工分拣每小时能处理和自动分拣机相同的件数。为什么要同时设置人工分拣线呢？是因为易碎品在自动分拣机上容易破损。而且，在包裹集中的时间段，人工分拣比自动分拣更稳定，能发挥更高的效率。

按照当初的设计，引进自动分拣机之后，能在短时间内集中分拣包裹。但实际使用后发现，包裹集中的时候，比如早上第一轮运行车同时到达的时候，人工分拣的包裹量反而要多得多。当然，那需要很多人手，不过我们要求的是分拣速度。我们再次认识到人海战术是多么有效。

那么，自动分拣机什么时候开动呢？在正午或者深夜、清晨等运行车稀稀拉拉到达的时间带。这个时间带的优点是，除了按键操作工以外，分拣工作可以实现无人化。

本来刚刚将自动分拣机引入基地的时候，目标是快速分拣和精简人员。实际使用之后发现,在快这一点上,自动分拣机未必占优。分拣能力其实是人工系统更好。当然,从省力的角度讲,自动分拣机占有优势,但还有易碎品等问题,所以不能完全依赖自动分拣机。我们得出的结论是,分拣工作最好是自动分拣和人工分拣两套系统并用。

实际上,在雅玛多运输的基地还不充足的时候,曾短时间借用过属于JR货运的横滨羽泽货运站。羽泽站就在新横滨站附近,是战时作为分拣小包裹和集配据点建立的,以彻底配备省力化设施和无人货运站而著称。但实际上,还没有开始使用,战争就结束了,花费了几十亿的设备至此成为闲置设施,暴露在雨中。

因为JR货运从来没有使用过,所以一申请很快就同意借给我们。视察的时候,我们极为惊讶。从全国各地运送来的小包裹从列车上卸下来后,马上装进带轮子的小型集装箱,通过地下通道自动移至隔壁的分拣室。过程中使用输送机,完全自动化。送到分拣室的集装箱在传送带上旋转360度,里面的包裹全部在传送带上清空。以前,我曾看到过为了将煤炭装上货车而将装载煤炭的运煤车旋转360度的情况。这里的对象是小包裹。我不禁怀疑,这样的做法会不会引起包裹破损。放在传送带上的包裹根据声音分成不同的方向。真正是个无人自动分拣车站。国铁完全是硬件导向,以前听说过建造无人调车场,但亲眼看到这个货运车站,我们还是被这种甚至可以说是信仰的硬件万能的想法给震撼了。又不是煤炭,小包裹轰隆隆地从集装箱里转移到传送带上。

反正后来我们撤掉了自动设施,把这里改成了人海战术的舞台。不过,有种清清楚楚看到旧国铁的缺陷的感觉。

系统是由硬件、软件和人组合而成的,我认为人的部分特别重要。只有将人的部分适当地组合起来,系统才能更好地运行。

信息系统

在推动宅急便业态特色化的过程中,我们花费了大量精力去建立信息系统。因为包裹既"不说话",又"没有脚"。

包裹不会自动告诉你它要去哪里。所以,宅急便要处理发往全国各地的包裹就必须要写明地址。没有脚,所以必须一个个抱着放上开往目的地的车辆。不写清楚目的地的话,就可能放错车辆。客户若要问起托运包裹的状况,比如说什么时候送到的、现在在哪里、几点能送达等,如果不能切实地答复,就很难说是优良的服务。

跟踪这些的就是信息系统。这样,大家大概就能了解,为什么信息系统和操作系统一样,占据极其重要的地位。

宅急便的信息系统在公司内部称作"NEKO 系统"。宅急便刚起步时就开始建立首套系统,之后不断变更内容、升级系统,现在运行的已经是第四套 NEKO 系统了。

NEKO 系统从将托运包裹的运单号码输入电脑主机开始。首套系统时是在中心的台式终端机上手打输入,完全是原始的方法。1980 年时换成第二套系统,通过扫描输入条形码化的运单号码,一下省了很多力。硬件上开发了宅急便专用的终端,输入系统推广到所有分店。

宅急便的受托件数,通过在线网络,第二天就能得出准确的数值,其威力甚至影响到经营战略的建立。

第三套系统于 1985 年开始试运行,第二年推广到全公司。全体 SD 携带新型便携式终端机(移动 POS 机),可以在收件时或送达时即时输入。通过设置在中心(营业所)的工作站,结束集配工作返回的 SD 可以当场经由作为子中心的集群将信息送至电脑主机。信息系统提升还带来了滑雪宅急便、高尔夫宅急便等业务,服务越来越多样化,而更复杂的程序也能够运用了。

稍后,我将在第 12 章里再详细描述。与一般的宅急便不同,高尔夫和滑雪宅急便等从客户处接收到包裹后必须于第二天送达。送达后先在中心保管,然后于开赛的前一天送至高尔夫球场或宾馆。电脑可以显示预定到达时间,向顾客提供准确的信息。

目前正在使用中的第四套 NEKO 系统是 1993 年更新的,SD 随身携带的终端机、移动 POS 机也更新成最新型号,收货时输入送货地所在的市镇村,就可以自动选定配送(到达)中心的编码,并且打印出来。将输出的送达分店编码标签贴在包裹上,不仅省时,而且能解决由于选定错误而装错货物的问题,为提高服务质量作出贡献。

收货的时候,可以直接向客户开具发票,和代理店之间的运费结算也简单了。包裹追踪系统的准确度得到提高,能够准确及时地回答客户的询问。

作为提高服务质量的一个环节,我们使用了收货指令系统。使用该系统,当有客户委托送货时,只要听到客户的电话号码就可以检索顾客的地址、姓名,并向配置在当地的车辆发出收货指令。通过这个系统,不仅收货指令能及时得到执行,还可以预测

上门收货的时间并通知客户,如此一来,就可以避免客户焦躁地
等待黑猫货车上门的情况。

接下来的第五套系统目前正在准备中,预计将于 1999 年度
开始使用。使用这套系统后,SD 携带的终端机将更为小巧轻
便,对寄包裹的客户也好,SD 也好,便利性都将得到提升。

顺便说一句,在硬件方面,1999 年 3 月时,公司共有主机大
阪(主要)和东京(备份)2 处,集群 49 处,工作站 3 000 台,便携
式终端机 33 700 台,操作用终端机 4 500 台。

推进宅急便业态特色化的各系统建设,无论是厢式货车,还
是自动分拣机和信息系统,虽然都借助了专家的力量,但基本上
全都经过了雅玛多运输的员工们的思考、制作和调试。业态这
种东西,不是别人教给你的,必须自己动手制作才能适合自己。

第12章
开发新产品

我将在本章讲解雅玛多运输开发产品的技巧。

目前,宅急便的产品线除了"滑雪宅急便"、"高尔夫宅急便"之外,还包括在冷藏冷冻状态下运输的"低温宅急便"和先配送邮购商品再收取货款的"货到付款服务",以及配送订购书籍的"图书服务"等多种服务项目。

这些"产品"和一般的宅急便服务有很大不同。和第11章里所说的业态的开发一样,在硬件、软件方面都必须重新规划。有些如低温宅急便,需要投入大量的新资金。但公司提出"先服务,后利润"的口号,不断开发出新的产品,正是由于我们切切实实地读懂了客户的潜在需求。

今后,随着互联网购物的普及,我们可以围绕宅急便获得更多的商机。

滑雪宅急便

自1976年开始运营,经过5年的发展后,宅急便业务于1980年度超过了期盼已久的保本点,第一次创造了5%以上的经常利润。在这期间,公司提出了"先服务,后利润"的口号,致力于服务的差异化。

最初以关东地区为中心的营业区域逐渐扩大,信息系统得到整合,员工因此可以即刻答复客户包裹在哪里。公司一边努力提高宅急便本身的准确度,一边大力开发新服务。

第一号新服务叫做滑雪宅急便。滑雪宅急便是在 1983 年 12 月 1 日开始提供服务的。这个服务最先是由长野分店的员工想出来的。他们觉得这种号称"空手去滑雪"的服务应该会受到客人的欢迎。不愧在是降雪丰富、滑雪场多的长野,员工们的着眼点与众不同。

战后不久,社会刚安定下来,日本就迎来了一场滑雪热潮。各地都新建了滑雪场,到处都在修建宾馆和民宿。国铁甚至专门增开列车运送滑雪客。当时的滑雪客们都是把滑雪板带上列车放在行李架上,列车上还有旅行包什么的,非常杂乱。不仅如此,由于旅客集中前往列车始发站上野站,所以山手线和中央线等东京都内的各条国营电车都因为乘客随身带着的滑雪板而越发混杂拥挤,其他乘客们也深受其害。

如果能提前将滑雪板和背包通过宅急便送到滑雪场,本人就可以空手轻松地行动,其他乘客们也不会因带进车厢的长长的滑雪板而受到影响。

不过,宅急便受理的包裹限制尺寸,长宽高合计要在 1 米以内,所以以前是不受理滑雪板的。滑雪板无论是运输还是保管都必须竖着,倒则容易损坏,很难处理,因此一般大家都会敬而远之。

长野分店先在前一年的 1982 年 12 月至第二年 4 月间的

5 个月内试行了一下,客户反响非常好,5 个月内受理件数达到约 1.7 万件。于是,总店也决定积极地采纳。结果第一个年度就受理了约 25 万件,成为新业务的支柱之一。

不过在第二年,也就是 1984 年末,我们遇到了一件大麻烦事。

长野县的滑雪宅急便配送基地设在已经开通的关越高速公路的转换出入口边上新建的长冈基地内。因为一到冬天,穿过长野和群马两县之间的碓冰岭的国道 18 号线的通行就会碰到积雪问题。没想到那一年的圣诞夜遇上了历年罕见的大雪,连接长冈转换出入口和雅玛多运输长冈基地的道路交通中断了,满载着滑雪用具的货车一辆都没能进入基地,前往长野县滑雪场的滑雪用具配送完全停滞了。

我们立即中止新年假期,从各地征调员工来帮忙。但毕竟是几年一遇的大雪,即便是人海战术也难以完成任务,结果给几万客户造成了影响。

我们紧急联络逗留在各地宾馆和民宿的客人,向大家道歉并支付租借滑雪用具的费用,甚至赔偿了客人购买替换内衣和袜子等所有费用。

我们曾非常担心接到投诉,结果几乎没有,反而因为公司迅速采取了有诚意的处置措施使客户产生好感。在接下来的一个年度,使用滑雪宅急便的人甚至超过了前一年。

这次的事故导致公司支出了 1 000 万日元以上的费用,但费用根本不是问题。员工们奋不顾身地努力将公司的方针贯彻到底,对此我满怀感激。另外,我也非常欣喜地看到,通过迅速而有诚意的措施换来了无法用金钱取代的信用,而员工们也真正切身感受到了信用的重要性。

受到这次教训,公司开始逐渐增加配备,比如引入雪地车等。我们还在上越地区的石打和北海道的二世谷滑雪场开设了中心。同行刚开始难以理解雅玛多运输为何在没有工厂也没有任何东西的山里开设营业所,直到看到下雪后城里的年轻人拿着滑雪用具来付运费才理解了。

通常,下雪对于运输业者来说没有任何好处,可是雅玛多运输却能够在下雪时获得收入。通过在滑雪场附近的山里设置营业所等事前的设备投资,宅急便业务得到了进一步扩张。

高尔夫宅急便

高尔夫宅急便几乎和滑雪宅急便同时开始。那是 1984 年 4 月。

战后的日本曾刮起过一个高尔夫热潮,其热度超过滑雪。和滑雪一样,打高尔夫也要自带道具,非常麻烦。所以,可以想象,只要能通过宅急便快递,那么给用户带来的便利是不可估量的。于是,我们考虑要将它商品化。

很明显,高尔夫宅急便有需求,不过想要商品化却是个难题。首先,要准确无误地快递到客户前往的高尔夫球场。高尔夫球场的所在地很清楚,快递上应该不会有问题。大家可能都会这么觉得。可是事实却并非如此。

比如说,虽不是完全一致,可名字很相像的高尔夫球场有很多。像富士高尔夫球场、富士郊区俱乐部、富士高尔夫俱乐部等。而且糟糕的是,有不少球手不知道自己要去的高尔夫球场的正确名称。他们根本没想到过,在去惯了的或是偶尔去一次的高尔夫球场附近,还有另一个名字非常相似的球场。所以,有时候就算是宅急便的运单上写好了收件地址也做不到准。

就说一句"送往鹤之岛",当问到鹤之岛是郊区俱乐部还是高尔夫俱乐部时,客户往往就回答不出来了。

还有一件很重要的事。高尔夫球包不可以翌日送达。一般玩高尔夫的人会在去打球的前三四天把高尔夫球包拿到宅急便的营业所。第二天把它快递到高尔夫球场的话会被严厉训斥。所有的高尔夫球场会所面积都不大,一般只备有供当天打球的客人放球包的空间。一下子送来两三天后的客人的球包,只会让俱乐部为难。所以,只能在打球的前一天送进去。可是客人在前两天给会所打电话时,发现球包还没有到,免不了会担心。所以,必须通知会所球包先放在营业所保管,打球的前一天再送实物。

如果在开球的当天球包还没送到那就麻烦大了。总之,高尔夫球包的配送不是嘴上说得那么简单的。

还有,高尔夫球包无论是运送还是保管,横着放会有破损的危险,所以必须一直竖着放。可是包裹头重脚轻容易倒,极难处理。高档球杆又很多。如果和其他人的东西搞混了就坏事了。

此外还有回程的问题。高尔夫球场会将打完球的客人的球包转交给签约的运输公司。如果是和雅玛多运输签过约的球场的话,那没什么问题,但有些球场只将球包转交给本系统的运输公司。更极端的是,有的时候甚至拒绝本系统以外的运输公司的车进入高尔夫球场。这样一来,有些客户即使想指定宅急便也不行。开开心心打完球准备回家的时候,却不得不去服务台填写球包的寄送地址，支付运费，应付各种烦琐的手续。

因此，有客户开始联系宅急便要求往返服务。从自己家里托运高尔夫球包去球场的时候，就预约回程的托运，直接填写好回程的托运单，支付费用。回程的运费有 100 日元的折扣，客户也能得利。如果客人去的球场没有和宅急便签约，那么就由签约的运输公司将球包从球场运送到宅急便的营业所，再交由宅急便配送。

必须称赞各公司不计个人得失，优先考虑用户的便利。不论公司类型，让高尔夫球包可以送货上门这种习惯在用户中扎根，对运输业界来说是件好事。

无论是滑雪还是高尔夫，为了能用宅急便准确无误地运送所用的器具，必须建设好运输信息系统。开发能竖着运输和保管滑雪板、高尔夫球包等的硬件设施以及背后的信息支持系统，制定在宾馆和高尔夫场地所在的山地、疗养地设置中心的战略。正是因为我们将这些综合起来，推动业态特色化，才有了今天的滑雪宅急便、高尔夫宅急便。我希望大家知道，宅急便是根本，但我们还在开发各种不同的业态。

低温宅急便

低温宅急便也是宅急便的一种，不过是作为其他业态开发的。

某个夏季的酷暑天，我一边在基地的平台上转悠一边思考问题。以前运输公司的事务所是很热的。公司里要处理运单，一开风扇就吹得到处飞。所以公司禁止使用风扇。总之是很热。现在又是什么状况呢？基层的事务所里都安装了空调。无论天气多热，都可以在凉爽的环境里工作。真是恍如隔世。

即使回家也有冷气等着。人类无论在家里还是在公司里都能在房间里享受凉爽的冷气。可货物呢？夏季的白天，全国各地气温都达到摄氏 35 度。在灼热的阳光暴晒下，货车内部的温度甚至高达 50 度以上。包裹一整天都在高温中喘息。能不能让包裹也感受一下凉爽呢？

特别是，宅急便的包裹中有不少是生鲜食品。让包裹凉爽下来也是品质管理所必需的。如果能开展冷藏运输，公司在营业上就能占据有利位置，毫无疑问将导致收入增长。

1985 年左右，在第二次一马当先三年计划期间，公司成立了项目组开始研究低温宅急便。那时，日本用海运集装箱从澳大利亚大量引进冷冻牛肉。以日本邮船为中心，由集装箱制造商组成的团队正在研究冷冻运输。我拿到资料后开始琢磨低温宅急便的概念。

零度到 2 度之间被视为保存肉和鱼等最好的温度。蔬菜最适合的温度是 5 度到 10 度。冰激凌和冷冻食品等须得零下 18 度以下。当时，家电制造商卖出的冰箱，有些以部分冻结一词代替冷藏，但几乎所有的冰箱都配备三种温度管理。

我们决定也在低温宅急便设置低温、冷藏、冷冻等三个温度管理，追求理想状态。

为了实现低温宅急便，我们考虑要在集配车、营业所、运行车上全部设置有三种温度管理的冷藏柜。询问了制造商，说是无论多大的冷藏柜都可以造出来，问题是电源。

集配车是小型车，夏季的白天，如果给搭载的冷藏柜供电，发动机就会过热。往返于基地之间的运行车原则上租用公司外的车,所以当然不会配有冷藏柜用的电源。

给地面上的营业所配置冷藏柜没有问题,但重点是,如果不能在货车上搭载冷藏柜,就无法做到门对门的一贯制低温服务。

没有办法,只好放弃依赖电的冷藏柜。那么怎么办才好呢?经过研究,我们了解到现在正在开发性能非常好的蓄冷剂。经过多次试验,终于开发出了使用蓄冷剂的低温宅急便。

另外,提到冷藏就会想到干冰,但其实干冰并不适合用在冷藏运输上。为什么这么说呢? 原因是干冰温度太低了。冷冻冰激凌之类的东西没关系,鱼肉之类的接触干冰的部分会被冻住。而且,汽化的空气不能在容器中顺利循环,没法保持平均温度。所以,从温度管理上看,使用干冰是不合适的。在雅玛多运输里,干冰只作为辅助手段使用。低温宅急便的目的不是专业冷藏或冷冻运输,而是和一般的宅急便混在一起收件、配送。可以说是设置了温度管理的宅急便。

研究开发时,我给项目组制定了以下五点基本方针。

1. 以生产厂家或商店寄送给个人的商品为对象。
2. 能以各种包装形式寄送。
3. 可选择适合商品的几种温度管理。
4. 不可让客户付出多于现行的费用和时间。
5. 随时随地提供服务。

项目组研究之后,决定于 1987 年 8 月开始试行低温宅急便。刚开始配送区域限定为东京 23 区,从仙台、长冈、千叶、横滨、厚木、静冈、阪神和冈山八个地区开始发送。反响非常好,品质管理上也没有问题。

1988年7月起,公司开始在除四国外的全国各地开展服务。1988年4月至1989年3月的一年内,共受理863万件,下一个年度达到1 900万件,看上去发展势头很好。

开展低温宅急便首先要进行高额的设备投资。粗算一下大概至少花费300亿日元以上,但公司要做到"先服务,后利润"。不纠结于细算,直接发出指令:"上!"我们知道市场需求大,也有信心独占生鲜食品的运输市场。

自低温宅急便开始以来,设备投资额、蓄冷剂等消耗品另计,仅冷藏柜、冷冻柜、冻结柜、低温分拣室、低温保管室、保温箱等固定资产估计就高达450亿日元。

另一方面,低温宅急便的年均受理件数超过9 700万件,收入高达1 000亿日元,但在宅急便中件数只占到12.5%,金额也只占到18%。

低温宅急便后来经过了大幅转型。刚开始时设了三个温度管理,后来改为冷藏(3度)和冷冻(零下18度)两种温度设置。

开展低温宅急便的时候,正赶上配置三种温度管理的新型冰箱开始销售,各电器商场里都用大字写着低温、冷藏的字样,我们也受到了影响。实际上,家用冰箱需要低温、冷藏和保管三档,运输上只要两种温度管理就足够了。原先的管理做得太过细致了。

货到付款服务

宅急便受理件数迅猛增长,原因之一是邮购事业的成长。

日本邮购事业成长的背景是婚后工作的女性的增加。她们不再专门为购物去店里，很自然就接受了在家购物的便利性。于是，邮购的内容扩展到了所有品种。

邮购公司通过发送商品手册和媒体宣传来接受订货。只要接到订单，无论有没有库存，必须立刻发货。宅急便经常被用来送货。邮购公司面临的一个问题是，由于事后才能通过直接汇款或邮局转账汇款回收资金，风险比较大。我们敏锐地嗅到了其中的商机。

运输行业很早以前就以"交款取货"的名义在配送商品的同时回收货款。雅玛多运输战前就插手东京都内的百货配送，和主要的百货公司长期保持合作关系。百货商店的"交款取货"是日常的服务。

顾客购物后顺便逛逛商场，碰到想买的东西时刚好现金不够，这时就可以利用交款取货服务了。现在由于信用卡的普及，交款取货的服务几乎已经消失了，但在当时可是雅玛多运输的一大业务。以前的做法很幼稚，因为货款是百货公司的东西，所以不计入雅玛多运输的账，而是放在信封里单独保管，通过与商品配送相反的途径汇入百货公司。

现在的客户是邮购公司。在配送商品时回收货款，既不费工夫又不承担风险，邮购公司和购物的客户都方便，所以受到双方的欢迎。

那么更进一步，雅玛多运输接到邮购公司发出的商品时，就在这个时点上购买债券的话会怎样呢，也就是保理业务？

但这就变成金融业务了，大藏省方面大概会很麻烦，还是放弃。从接到商品的时间点开始计算，一周内向作为客户的邮购公司支付货款,这不是也很有意思吗?

把这些统一整合起来就是货到付款服务了。

接到客户转来的商品,立刻开始配送,递交给购买者。这时,货款由负责配送的 SD 收取。然后,向客户索取宅急便费用和货到付款服务费。商品的货款以每周五为截止日期,在下一周的周三统一汇入客户的银行账户。货款是雅玛多运输的 SD 在配送的同时收取的。最短 5 天,最长 12 天就能够回收,所以对客户来说没有比这更方便的了。

服务费每 1 万日元货款收取 300 日元,1 万日元以上未满 3 万日元的收取 400 日元,3 万日元以上未满 10 万日元的收取 600 日元,10 万日元至 30 万日元的收取 1 000 日元。

普通商店使用信用卡付账时,店方承担的手续费约为 5%,而货到付款服务收取 2%～3%,相比之下更便宜些。

提到雅玛多运输要承担的风险,原则上不支付货款就不给东西,所以风险基本为零。雅玛多运输说是第 5 天支付,原则上配送工作 3 天就结束,所以可以使用几天无利息的钱。手续费的收入就不用提了,那方面的好处也不可小觑。

货到付款服务成立于 1986 年 7 月,是雅玛多运输的全资子公司。创立以来一路顺利成长,取得了优异的成绩。

1998 年度的业绩如下:

客户件数 59 634 件

受理件数 3 210 万件

营业收入 1 090 300 万日元

经常利润 262 900 万日元

商品货款 48 470 700 万日元

图书服务

在和货到付款服务同时成立的雅玛多运输子公司里,还有一家图书服务公司。这是家雅玛多运输与大型图书经销商栗田出版销售公司共同出资组建的公司。

之所以提供图书服务,是因为觉得书籍的销售流通遵循古老的传统,从外部看这个体系非常迟缓,而且几乎一成不变。我们希望看到,如果在这套流通体系上开个口子,会发生什么有趣的变化。

其实更深层的想法是,总有一天宅急便会达到顶点,到那时必须利用宅急便的网络进入物品销售的世界。

书籍流通是个非常特殊的世界。首先,从它的商品特性上来说,每一册书都是独立的个别的商品。而且,每年有 6 万至 7 万之多的新书刊出版。

书籍流通业界由出版社、经销商、书店三者构成。书籍出版后,经由经销商之手流向书店。货品在流动,但并没有发生买卖行为。仅仅是委托销售,书店可以在一两个月后将卖剩下的书自由地返还给出版社。

我们感觉到的慢,其实指的就是这种常规做法。但如果没有委托制度,学术书籍或低调的研究性书籍可能就到不了读者手中,仔细想想,倒是充满生活智慧的优良制度。不过,畅销书随时可以在书店买到,但书店里没有的书,就算预订过也要等上一个月才能到手。

所以，我们想到了图书服务，只要通过电话或传真等订购，一周内就可以利用宅急便送货上门。

对读者来说很方便，对书店来说则是生死问题。即使是经销商也无法赞成这个服务计划。

在书籍流通业界，经销商拥有绝对的力量，大型出版公司也甘拜下风。所以，就算设置了图书服务公司，但如果遭到书店和经销商的强烈反抗，出版社也没办法将书籍交给图书服务公司。

于是，我们向大型经销商栗田出版销售公司寻求帮助，请求对方出资。栗田出版的社长看到了今后流通现代化的趋势，爽快地答应了。

本想公司一成立马上试运行。但如果在这个阶段被击垮了，就再也无法站起来了。于是，我们决定先在冈山县设总公司，偷偷开始试营业。之所以选择冈山，是因为我们认为冈山远离东京，而且对教育很热心。

经销商很可怕，书店的动向也让人担心。我们听说书店的全国性联盟——日书联每年都会在东京召开新年会。按照常规，提高佣金等重要的问题都会放在这时召开的日书联大会上谈论。一旦在日书联的大会上公开冈山的图书服务公司成立的情况，又遭到反对的话，一切都得回到原点。我们每天提心吊胆地关注着事态的发展，幸好虽然在会上谈到了这个话题，但最终没做出反对的决议。我们这才放下心来，并在第二年将总公司移至东京，积极开始经营活动。

图书服务的业务内容是只要通过电话、传真、网络或其他的方法订购，就可以获得 4 天或一周后通过宅急便送书上门的服务。费用无关册数多少，均为书费加上 362 日元。

图书服务这项工作最开始不太为人所知,用户也不多。但是随着时间的流逝,人们逐渐认识到它的方便性,用户越来越多。特别是在书店稀少的地方深受当地住户欢迎,回头客的圈子越来越大。针对人口过疏地区的公民馆和图书馆,费用上还会给予特别折扣。

读者直接下单给出版社委托宅急便购买的情况也增加了。地方上的大型书店在碰到客人直接来店购书却没有库存的情况时,也会委托图书服务订购。书店向经销商订书有时要花一个月才能到货。但委托图书服务发送,只需要一周时间就能送到客户手中。

开始图书邮购后我们注意到,书籍的流通是很奇怪而且很困难的。首先,向作为生产厂商的出版社提出运送他们公司出版的书籍时,经常会碰到没有现货的情况。一般的出版物第一版的发行量都不大,甚至经常少于全国书店的总数。再就是委托制度,发行的书籍几乎全部进入流通渠道,出版社里通常没有存货。所以,图书服务公司的一大工作就是接受订单,收集书籍现货。我们把目标定为 6 天,但一般 6 天只能收集 95%,所有订购的书籍收集齐大概要花 10 天时间。

正因为流通迟缓,所以图书服务业务的存在才得到承认。也正因为这样,近期随着网络的普及订单也不断增加。

1998 年的业务状况如下:

接受订单件数 74.7 万件

接受订单册数 186 万册

书费 317 000 万日元

手续费 25 400 万日元

另外,图书服务委托货到付款服务向用户收取书费和货款。既没有风险还能够增加双方的收入。

今后网络的利用将会飞速增长。灵活利用网络创造的新型事业将是划时代的。在信息社会,所有的篱笆都被拆除,这个时代必然成为风险企业相继诞生的时代。信息可以通过新的途径传递,但东西毕竟不能在空中飞。可以肯定的是,今后宅急便的需求会不断增加,就连宅急便的附带服务需求也会增加。

我一直在说,宅急便总有一天会达到顶点。但开发和以往不同的、完全超出想象的新的需求总是没错的。到那时,遍布全国各地的宅急便网络就可以发挥巨大的威力了。

第13章
强化财务体制

　　雅玛多运输的资本金在宅急便业务展开以来的 20 年里增长了 100 倍以上。雅玛多运输是如何强化财务体制的呢？本章将讲述这个过程。

　　在宅急便开始之前，雅玛多运输的融资依赖银行贷款。但靠着公募增资和宅急便业务带来的现金收入，贷款逐渐减少，实现了可转换债券、发行外债和资本筹措方法的多样化。

　　由于事业持续成长，股价屡创新高，筹集资金非常容易。把这些资金用于设备投资，可以提高公司竞争力，从而增加收益，形成"良性循环"。也就是说，服务质量的提高使财务得到了强化。

宅急便之前的状况

　　前任社长小仓康臣在经营上很有一套，但在会计和财务上则不太擅长。创业者大多如此。

　　日本的企业，少有从初始阶段就拥有庞大组织和资本金的，基本上都是从个人企业发展起来的。

在 1919 年创立时,雅玛多运输是个资本金近 10 万日元的股份公司。那也只是形式上,实际上不过是个个人企业。

第二次世界大战末期,1944 年 5 月的资本金仅仅只有184.5万日元,车辆 330 台,作为货车公司资本过小。战后,监督官厅遵循铁道省(当时还未设运输省,由铁道省司职)的方针,决定由日本通运统合资本,所有股票委托给了日本通运。

战争结束后,1947 年 9 月,公司从日本通运买回了全部股票,同时将资本金增加至 500 万日元。

问题就是在那个时点上发生的。公司虽然以现代化经营为目标采用了股份制的组织形式,但本质上仍旧是个人企业,所以没有资金来加倍增资。于是,在证券公司的介绍下,公司引进了个人投资者的资金。那个投资者非常富有,在东京中野区建有带 1 000 坪以上的庭院草坪、可以登高远眺的庞大的宅邸,还拥有关东的几家私营铁路和振兴公司的股票。但他在投资上的想法比较老套,采取不予买卖、长期持有、领取分红的方针。

他和小仓康臣是同一家高尔夫球场的会员,意气相投,约好出资且不插嘴。但问题是,他持有雅玛多运输 40% 的股份。一个人持有 40% 的股份意味着今后增资时会很头痛。虽说是大富翁,可因为不买卖股份,收入的增加几乎全靠分红。所以当雅玛多面临增资,需要大笔资金的时候,不得不四处奔走筹措。

小仓康臣自己后来也叹息地说过,这是个败笔,我继承之后为了改变这种状况更是整整辛苦了 26 年。

我在财务上的感觉并不敏锐。只是鉴于上一代财务白痴的失败经验,才从外面聘用了财务方面的专家,将所有细节交给他们去做。但是,大局还是要自己把握,为此我一直很努力。反过来看,在泡沫经济时期,还幸亏脑子在理财方面转得不够快。

固定线路货车需要大量设备投资。公司在日本的高度成长期里跌落至 C 级,虽然主要原因在于进军长距离线路迟了,但资本过小带来的资金不足导致设备投资不充分所造成的影响也很大。

公司的资本金从 1947 年到 1971 年,经过 10 次股东增资,由 500 万日元增涨至 5 亿日元,但仍然经常苦于资本过小。所以,融资只得依赖银行贷款,我们几乎借遍了所有银行。能够平安熬过来是托了主银行的福,所以我深切地感受到在日本拥有主银行的重要性绝对不容忽视。

财务方面在 1974 年迎来了转机。当时,公司的资本金从 5 亿日元增至 8 亿日元。虽然只是 600 万股里的 100 万股,但公司可以时价发行用于公募增资。之前也曾多次考虑过公募增资,也和大股东讨论过,但对方以不接受持有股份比例下降的提案为由拒绝了。大股东不知道增资上有同比例以外的其他办法,却很执拗地咬住不松口。我花了好几年时间才改变了他顽固的头脑。一旦让他认同公募增资,只要花时间,当然不知道要花几年时间,总是可以慢慢降低持股比例的。这样一想,似乎光明的前景已经展现在眼前了。

直到现在,我都还记得那时在大股东的事务所里争取到同意公募增资时的情景。当时应该是下午 3 点,他个人在国技馆里有包厢。刚好碰上大相扑正式比赛开始。他递给我一张票,说是今天的票,没给别人,就给你了。道过谢赶到两国国技馆时比赛已经接近尾声,就要轮到最后的一流选手间的较量了。我已经忘记都有哪些选手了,但那时独自一人歪在包厢里看相扑时的心情却是一生都不会忘记的。

融资渠道多样化

刚开始宅急便的时候,雅玛多运输的资本金是8.4亿日元。

开办宅急便需要建设各地的基地,配置集配车等源源不断的设备投资。1976年度的设备总额约为25亿日元,1980年度增加到53亿日元,1981年度以后更是超过了100亿日元。所以,充实资本金成为燃眉之急。

增资的方法已经有了头绪,所以,公司继续以时价发行的方式公募增资。

从1977年起,至1982年5次增资,共筹集了143亿日元的资金。

另一方面,由于宅急便的运费收入都是现金入账,没有必要增加银行贷款。从1977年之后,从金融机构借来的金额开始减少。

作为充实资本的策略之一,也插手了一般公募的可转换债券的发行。从1982年的第一次开始,到1986年分4次共筹集了总额700亿日元的资金。

可转换公司债券,在发行时作为公司债券必须支付利息,但股价高于转换价时可随时转换成股票纳入资本金,所以具有从债务到资本转变的有趣特征。转换成资本金后,增加了配额负担,但同时没了返还的义务,所以从经营的角度看具有强化财务体制的优点。

这一切的前提条件是股价必须超过转换价格,所以公司不得不努力提高利润。但我们可以把这视为有益的压力。股价低迷跌破转换价格时,就会面临无人转股而到期需一次性偿还的危险。如此就必须考虑风险,幸而雅玛多运输安然度过了。

再就是,发行外债也对强化财务体制作出了极大的贡献。外债的发行基准比较宽松,利率也低,比较有利,所以 1983 年 6 月,公司发行了第一批瑞士法郎可转换公司债券,此后更是分 4 次筹集了折合日币约 491 亿元的资金。

正是因为筹集了这些资金,公司才可以每年花费近 400 亿日元用于设备投资,并完成各都道府县一个以上、全国共 70 个中心的建设,完成全国网络基础设施建设。

运输业是劳动密集型产业。与制造业相比,投资设备的必要性没那么强。特别是包租货车业务。主要资产车辆的使用年限是大型货车 4 年,小型货车 3 年,还可以分期付款购买。不过一旦要做固定线路货车就需要大型中转站,设备投资就是必需的了。

如此想来,宅急便真是个例外。宅急便需要在全国铺设网络,必须做全国规模的投资,所以需要庞大的资金。特别是低温宅急便,需要冷藏及其他特别的设备,投资额相当大。能够执行足以维持这些业务的财务战略,我觉得完全是"良性循环"的功劳。

有时候想起开始宅急便业务之前,为了区区 8 亿日元的资本金而头痛万分,真是恍如隔世。1999 年 3 月末,公司的资本金达到 1 015 亿多。1998 年度, ·年间的设备投资额达到 400 亿日元,主要包括土地 95 亿日元、建筑物 95 亿日元、车辆 100 亿日元。

低温宅急便在该年度投入了约 50 亿日元,1988 年 4 月开始以来投资额达到了 450 亿日元。

能够进行这样的投资正是由于宅急便的业绩良好,股价也屡创新高。股价维持在高位使得融资更容易,资金充裕了,就能在基层引进新设备提高工作效率。工作效率提高了即可降低成本,还能提高竞争力而增加收入。如此这般形成增收增益的结构,引发"良性循环"。

提到良性循环的起点,宅急便是以优质服务为出发点引发良性循环。良好的服务是靠基层的 SD 努力实现的。在他们的努力下,公司资金充裕,可以投资设备,改善工作环境,建设全国性的网络。从人力资源开始,到改善硬件,完成软件系统开发,形成了一个连环。

财务很容易被认为是有别于经营的其他的东西,其实双方互为表里。

每天有进账的买卖

宅急便开始之前,雅玛多运输的中心是商业货物运输。所以,运转资金的回收时间长也被视为理所当然。运费的回收是月末结款第二个月付款,稍大一点的客户就用支票代替现金支付。支票的期限每个客户各不相同。过分的甚至有 120 天到 150 天的。在劳动密集型产业运输业中,经费的 50% 以上要付人工费,结果连用来支付每月员工工资的短期资金周转都很困难。

而宅急便开始后每天都有进账。这真是让我惊讶。也是我们太疏忽了,宅急便开始之后才发现这点,不过说实话,我脑子里从没想过能每天有进账。在宅急便开始的 1976 年,受理件数共一年 170 万件,平均每天能有 200 多万日元的现金收入。

无法准确计算每天的进账对改善财政体制作出了多大贡献。1998 年度宅急便的收入超过 5 600 亿日元,计算下来,每天平均现金收入约为 15 亿日元。结果,雅玛多运输同期的负债总额 2 645 亿日元中,借入金额共计 110 亿,有利息的负债共计 1 585 亿日元,财务上已经被列入财务优良公司之一。开始宅急便业务后,我深切地感受到每天有钱进账起到多大的作用。

那么,每天有进账的买卖都有哪些呢? 首先,我觉得运输业里基本上是没有的。另一方面,在零售业和服务业等行业里却完全不稀奇。

每天都有进账使资金周转变得轻松,还可以好好筹划生意的做法。除资金周转外,在其他方面也起到了很好效果。比如说,正是因为用现金交易,零售业中可以贱卖过季商品,控制库存过剩。航空公司之所以能用极便宜的票价卖出闲置机票,提高搭乘率,也是因为现金交易。

雅玛多运输能以邮购业者为对象开展代收货款的货到付款服务,也是因为主业宅急便拥有大笔的现金收入。

不过,如果因为有现金收入就去涉足金融市场的衍生产品等高风险的资金运作,是会出大问题的。正因为雅玛多运输没有插手这些事情,所以才能享受好处。

第3部

我的经营哲学

　　战后，支撑着日本经济的产业不断变化。从纤维开始，钢铁、造船、家电、汽车等都曾兴盛过，出现过主导国内经济和出口的顶尖企业。但是，随着时代的变迁，它们无一例外地受到了产业结构调整的影响。荣枯盛衰是世间常态。眼前的战术固然要紧，但长期的战略更加重要。

　　所谓经营，就是逻辑的积累。有些不成器的经营者只会模仿成功的企业。但是，为什么那些公司会成功呢？要运用到自家公司身上必须改变些什么呢？这些必须要有逻辑性的思考。没有思考能力就成不了经营者。

　　企业是社会性的存在。在以财力或服务回馈社会的同时，提供就业机会。所以企业必须一直持续下去。企业要一直持续下去就必须具有优秀的企业品格。

　　有伦理道德的公司必须贯彻对顾客、客户、股东、员工等相关者的公正态度。站在最前列的高层必须始终公平公正。

第14章
激发组织活力

日本式的组织中最不可取的就是年功序列主义的结构。年功序列是将组织按金字塔形排列,妨碍了能力主义的引进。把组织平面化,使公司内部的交流畅通,这样才能提高经营的速度。

另一方面,确立正确而公正的人事考察制度是无比困难的。于是,我决定采用部下眼里看到的"下级的评价"和来自同事的"平行的评价"来评价员工的人品。

企业成长了,组织也跟着庞大,开始有官僚化的倾向。经营者必须一直防范这组织的庞大化,探索激发活力的道路。

二战后的组织理论——直线职能制

战后,日本努力复兴被战争摧毁的产业。在一片焦土上建设工厂,重新开始生产。

领导日本复兴的是第二产业——制造业。以美国为目标,各公司以追赶超越为口号,不断提高效率,还在各地召开经营研讨会,介绍新的经营理念。对此,在第 2 章里有过详细的介绍。

当时,我也参加过好几个研讨会,其中有不少内容涉及组织理论。

在那里我学到了直线职能制。和在研讨会中学到的提高生产效率的理论一样,直线职能制也是来源于美国制造业的实例。但这并不一定适合日本服务业的运输公司的经营。我最初没意识到这一点,以为能适合自家公司,还曾多方探讨研究过。

所谓直线职能制,是指制造和销售的基础部门是直线部门,总务、人事、会计等补充支持的部门是职能部门,以此实现职能分化。

因为容易理解,所以也曾流行一时,但我觉得它对强化经营能力起不到多大作用。直线部门的主体是生产工厂和销售分店等基层组织,职能部门主要属于总公司的管理机构。因此,职能部门总觉得自己是经营管理的中枢,所以容易有动辄命令直线部门的倾向。

本来的目的是从制造和销售等第一线部门中清除间接业务,纯化功能,推动组织的机动性。结果,负责间接业务的职能部门变成头,向直线部门要求过多的报告,做企业决策时浪费时间等缺点也显现出来。无论如何,这是以制造业为对象的组织理论。

事业部制的流行

也有把业务内容作为一个单位来考虑的组织。有一段时期,很多企业积极引进的"事业部制"就是如此。由于家电业界的老大松下电器积极引进的事业部制带动了企业的发展而受到关注,并引起了一股潮流。

事业部制的基础是采用销售商品分种类独立核算制,特征是事实上与独立公司一样极度下放权力。

本来,以子公司的身份存在清楚明了,很不错,但和母公司的关系恐怕会触犯反垄断法,所以导致了事业部制的流行。

比起成立子公司,事业部制的优点是可以由总公司统一筹集资金和经营。不过,这是在依赖从金融机构贷款来筹集资金的时代的事情了。如果有能力单独上市的话,还不如干脆另外成立一家公司。

总之,反垄断法大幅度放宽,总公司作为控股公司得到承认之后,情况发生了很大改变。如果条件允许,以追求商品分类经营速度化和贯彻自主责任为目的的事业部最能好成为独立的子公司。

当然,在建立新事业时,如果“妊娠时间”长,迟迟无法独立,事业部制的好处就显出来了。因为和母公司财务合并便于调整利润。只是,现在公司必须公开企业信息,即使是同一家公司,也必须按不同商品、不同业务领域公开收支状况。这样的话,还是确立一开始就成立子公司的长期战略比较有利。

个人偿还制

我想从一个稍稍不同的角度来思考一下组织。组织里最小的单位是个人。

可能大家不太清楚,运输业界有些企业采取了个人偿还制。最初是从出租车业界开始的,后来在货车业界也流行起来。简单地说,就是企业内部存在一个由员工构成的个人企业的系统。

在出租车和货车业界,车辆通常是公司的财产。这种形式上属于公司、实质上属于员工个人的制度就是个人偿还制。

为什么要这么做呢？那是因为,只要车辆不是公司的财产,就拿不到营业执照或许可证。现在,根据道路运输法,出租车没有执照不可营业。货车的规定放宽,自从变更成货车运输事业法后改成了许可制,但没有事业许可无法营业这一点没有任何改变。出租车行业里承认私人出租车,但要求严格,不是谁都能拿到执照的。在货车行业,则根本就不承认私人货车这种形式。

于是,形式上归公司所有,实际上是个人持有并管理车辆的个人偿还制就诞生了。当然,严格来讲是违反了法律。

具体做法如下。从每月每辆车的收入里扣除30%～40%作为总公司管理费。然后再扣除车辆偿还费、燃料费、维修费。剩下的就是司机的工资了。

司机每天要努力增加流水额,小心使用车辆,尽可能防止发生事故,可以减少燃料费、维修费。有时候,司机可以把车开回家。这样,公司就没必要修建车库。公司能够确保稳定的收入,司机也可以凭借自己的努力增加收入得到回报。这个制度对雇佣双方都有好处,可是违反了道路运输法和劳动基准法,所以不可以公开做。不过一直有传闻说在大阪一带这种做法相当流行。

如果货车也能和出租车一样承认私人营业就好了。虽说是运输政策的问题,但既然私人出租车能得到承认,那么只要废除这个规定不就可以了吗？

制造业里有时会组织转包,其中经过好几层,最底层雇用的是被称为"组"的组织。现在常用的时髦的称呼是外包，但个人位于组织底层的情况并不少见。要考虑这样的体制的活性化，需要的不是组织论，而是有必要作为沟通问题来看待。

从金字塔形组织到平面化组织

任何组织都存在共同的内在缺陷。凡是组织必定带有自我繁殖、庞大化的倾向。也就是所谓的帕金森定律。

组织的成立以分工为前提，所以从企业本来的目的来看，负责无直接关系的工作的部门会逐步形成。这就是间接部门，随着岁月流逝，负责这些工作的人又有了部下，如此便膨胀起来了。

一旦组织形成，为了维护组织本身，联络、协调的工作就会增加。大企业一旦出现了官僚主义的征兆一定要予以重视。

日本企业必须特别注意年功序列的习惯。无论是升职还是岗位配置，在日本通常会按照资历安排，这会带来很大的危害。最近大家都说要采用能力主义，与此相对立的正是年功序列主义。而且年功序列主义的存在会阻碍能力主义的实施。

采用能力主义，必须量才录用，提拔新人。所谓提拔，意味着越过前辈，如果顾忌引起员工之间的摩擦等副作用而止步不前，就无法做到提拔新人。结果依旧回归到安全稳妥的自动扶梯式晋升方式。

现实的问题是，因为年功序列，有很多公司增加了工作岗位。我们经常听说同期的员工大多数都当上部长了，所以设一个代理部长的位置来处置剩下的人之类的事情。以年功序列为基础的晋升制度和企业的金字塔形组织之间有很强的关联性。组织结构呈金字塔形,所以只能一级一级地往上爬。

从下往上分别设有工作人员、主任、股长、代理科长、科长、副部长、代理部长、部长等岗位,一级一级地爬上去。所以,为了停止年功序列的做法,必须瓦解金字塔形的组织结构。组织平面化后,年功序列制就难以维持了。极端点只设置科长和部长两个领导岗位的话,就只能选拔人才了。

简化组织的目的是要将企业的利润计算单位尽可能移到基层第一线。要做到这点,必须将权限下放到基层。

组织平面化意味着将利润责任下放至接近第一线的位置。公司通过这个方式改善内部沟通情况,加快经营速度,同时带动第一线员工的积极性。服务业尤其应该采用平面化组织,零售业同样如此。

一直都说日本企业员工士气高,生产效率高。其实那指的是蓝领阶层,白领阶层则被认为效率低下。这会不会是因为雇用者和被雇用者都太拘泥于年功序列的缘故呢?

但是,日本的企业已经到了不能再拘泥于资历的时候了。

人事考核制度

企业集中了大量员工,可以让所有人一起朝着共同的目标努力,并且建立组织来有效地达成目标。但是,无论组织组建得有多么好,只要负责组织的员工没有干劲就不会取得好成绩。

于是公司制定工作细则,整顿工资制度、人事制度。为了使与人事相关的各种制度顺利运转,人事考核或绩效考评是必不可少的。

我刚进雅玛多运输的时候，被分配到人事部的劳动科。临时调往子公司静冈运输时担任的也是总务部长，可以说是在劳务管理领域里成长起来的。说实在话，其实我不太擅长经营，反而更适合做劳动时间管理和工资管理等。

我在长达 42 年为雅玛多运输工作的时间里，有一件一直想做但一直没做成的事情，那就是人事考核制度。

人事考核制度的重要性毋庸置疑。员工拼命努力就是为了自己的工作得到承认。通过升职或加薪等手段公正地评价员工的工作是谋求组织活性化必不可少的。

但是一说到方法论，我马上感到有困难。因为在日本，工作很少直接交给某个个人，基本上都是团体作业。

只有做好绩效考评才能做好人事考核，因此首先必须从对每个员工进行职务分析着手。这是件困难事儿。

比如说，女性员工——最近已经改善了很多——经常被派去做端茶倒水或复印文件之类的杂务，所以没办法分析她们花在自己本职工作上的时间。

因此，一旦要以营业所为单位来考核实际成绩就会碰壁。举个例子，前任所长很优秀，他的努力在离开之后才转化成好业绩，这种情况该如何评价呢？这是个难题。

另外，评价制度里通常还存在评价者个人差异的问题。有的上司整体上打分高，有的上司则下手比较狠。这种偏差也要予以充分考虑。有的上司可能会给所有员工一样的分数，有的上司则会给出极端的高分和低分。

为了进行调整，我们也曾学习并实行过著名的薪酬评估分析专家的方案,但还是没能找到满意的方式。

　　我的结论是,不可以完全依赖上司的判断。只是,对员工来说,工作与不工作得到的评价是一样的话是无法令人信服的。拼命努力的人和什么也不做的人如果拉不开差距,公正性就要受到怀疑,恐怕公司内部的秩序会难以维持。

　　于是我们想到了"下级的评价"和"平行的评价"。下级的评价是来自直属下级的考核,平行的评价是来自平级的同事的考核。而且评价项目不是实际业绩,而是"人品"。

　　是否诚实,是否表里如一,是否有互助精神,是否有同情心,与人品相关的项目都要打分。就像体操打分一样,集中多名员工的评分,除去最高分和最低分,剩余评分相加再得出平均分。总之是从不同的角度得出的评价。

　　在日本找不到能客观通行的业绩评价方式。那么至少采取次一等的方法听取来自下级的评价吧。当然不是单独使用,而是和其他的制度并用,我相信人品好的员工肯定能成为受客户欢迎的优秀员工。

第15章
成为经营领袖的十个条件

最后,我想讲一讲经营者的资质。我认为"理性思考"和"高度的伦理观"是经营者不可或缺的两大要素。

经营是理性逻辑的积累。因此,没有理性思考的人不具备作为一名经营者的资格。此外,经营者必须具有独立精神。迄今为止有多少经营者都是躲在政府和政治家的庇护之下的啊!但当今社会无国界化不断发展,不知道竞争对手隐藏在何处。所以经营者必须始终保持理性思考,采取进攻态势。

同时,经营者还应该具有高度的伦理观。员工一直观察着经营者。我相信只有上层通过自身的态度表现出来,才能提高企业整体的伦理观。

理性思考

对于经营者来说,最需要的条件是拥有理性思考的能力。因为经营就是理性逻辑的积累。

经营中各方面都需要计划。为了制订计划必须先进行预测。这个预测是准还是不准,对经营者来说就是能否保住自己位置的关键了。

　　具备前提条件,获得论据支持,决定目标,采取行动。接下来就看结果是否能如预期。这关系到经营者眼光的深浅。

　　眼光的深浅取决于顾及了多少条件。尽量多地考虑各种条件,在没有错误判断事情重要性的前提下,正确预测是可能实现的。之所以常常出错,则是因为与人相关的条件常常包含一些不确定的因素。

　　人心常变,从外表很难预测。而且,在不同的时间不同的地点,人心亦有不同反应。人各有兴趣爱好,这些兴趣爱好也会被流行和倾向所左右,若对将来怀有不安,想法自然也会改变。

　　经营上的预测其实没有那么难。不仅是在事前策划的阶段,而且在开始实施之后,在不断尝试反复改变条件的过程中,边作微调边测量,总能够预测出不那么离谱的结果。反而是尝试的方法更重要一些。

　　但在做出重大决定的时候,策划阶段的预测还是重要的。这种时候必须进行充分的讨论。

　　开始做宅急便的时候,大多数人都预测我们会失败。但这些预测不过是基于"那么没效率的工作肯定会亏本"这种模糊的认识。

　　在考虑宅急便的盈亏时,费用是集配车一天的成本,相当固定。问题是收入。由于邮政包裹的关系单价不能高于 500 日元,所以要看每天收取的包裹数量。也就是说,包裹的"密度"很重要。需求函数受人口影响,车辆的工作效率随受理区域范围而变化。这样一来,第一个年度的赤字是必然的,几年以后也许能超过保本点。到这个地步大概没人能看清宅急便能否成功。然后,5 年后宅急便开始盈利,一下子又有大批人不想清楚原因就一头扎了进来。所以现在除了一家还留着,其余的都退出了。

也就是说,自己不动脑筋思考只会模仿别人,对于经营者来说是最危险的。理性的反面是情绪化,太过于情绪化的人不适合当一个经营者。

理性思考的人能够条理分明地解释出结论的经过。在解释的过程中有时会有条理地整理思维。拥有对别人解释的能力是经营者的一个重要资质。

阅读时代的潮流

企业是社会性的存在。所以企业必然受到那个时代的社会变化的影响。经营者必须正确读懂时代之风来自哪里又吹向何方。宅急便的成功也归功于时代带给雅玛多运输的跟风效应。

回顾战后的日本,大约每隔 10 年,时代会发生一次变化。

20 世纪四五十是和饥饿作斗争的时代。食物匮乏,每天都在辛苦地寻找食物。那时最风光的是第一产业的农民和渔民。衣柜里的和服都到农民家了。

20 世纪五六十年代是第二产业制造业顽强奋斗,引领日本复兴的时代。关键词是生产效率的提高。

20 世纪六七十年代是第三产业流通业引领经济的时代。流通革命的兴起,实现了连接大量生产和大量消费的大量流通。消费品可以便宜入手,家庭经济也富裕了起来。

20 世纪七八十年代被称为消费者的时代。经济由消费者主导。消费者想要什么？市场营销得到重视，轻薄短小的新商品充斥着大街小巷。

20世纪八九十年代被称为生活者的时代。大家追求的是物质充足、宽裕的生活。与文化、休闲相关的新产业蓬勃兴起。宅急便正处于这个时代，所以获得了极大的发展。

然后是现代。现代是无国界的时代。经济上没有国境线。官与民、中央与地方、男与女、昼与夜，无论哪个都没有了界线。个人作为生活和经济活动的单位受到瞩目。电话也不再是家庭而是个人持有的东西。随着电脑和网络的普及，信息系统也完全改变了。

现在竞争对象不一定就是同行。这个世道，说不定从什么地方就会冒出竞争者来。

经营者必须敏锐地读取时代的潮流。现在必须做好应对无国界时代的思想准备。

战略性思考

经营包括战略和战术。战术是日常的营业活动中争取胜利的对策，战略是为实现经营目标而制定的长期策略。经营者的思维不可以停留在战术层面上。必须始终保持以战略性思维来应对事态的心理准备。

在任何事情上都力争第一，以呵斥来激励部下的经营者不过是个只能进行战术性思考的人。在讨论和对手竞争的会议上提出"占有率第一""销售额第一"，到财务结算时又变为"利润第一"，甚至时不时还提出"环境第一""安全第一"，作为经营者是

完全失职的。经营者的职责是判断对公司来说当前什么才是真
正的第一,而后下达指示。这不一定是销售额或利润,有可能是
环境,也有可能是品质。

曾经有这样的例子。雅玛多运输的子公司经营状况恶化的
时候,公司注意到内部纪律松散,交通事故多发,便提出了"安全
第一,营业第二"的方针,采取措施防止事故发生。结果事故减
少的同时整体经营费用降低,收支也得到了改善。

经营上一张一弛是战略性的思考方式。要强调第一,只要
设定第二就可以了。

任何事物都有优点和缺点。例如,裁员之后人工费减少了,
营业能力也跟着下降。同样的,增加人员后营业能力提升了,人
工费又增加了。在当前形势下选择哪一个,这是极其需要战略
性判断的问题。

还有,向客户提供好的服务成本会上升,反之控制成本则服
务质量只能马马虎虎。在服务和成本间进行权衡,选择哪一个
会极大地改变经营状况。可以说经营就是不断权衡的过程。经
营者一直被要求做出只有他们才能决定的战略性判断。

进攻型经营

我们必须清醒地意识到今后的企业经营将会面临越来越激
烈的竞争。在无国界的时代,不知道会出现什么样的新的竞争
对手。

经营上摆出进攻的姿态很重要。保守型经营只会越来越
难做。

保守型经营之最可比做"护卫舰队式经营"。也许寻求安稳的经营者会觉得护卫舰队的方式也不错,但毕竟太过悠闲,等到某一天发现的时候,也许整个舰队都已经落伍了。

东京—北海道之间的航空运输长期由既存的 3 家大公司分担。由于旅客多,被称作金库线路。3 家公司分享稳定的高额运费,直到有一天新对手出现,引发了运费半价的骚动。

事实上,问题在新竞争者出现之前就已经产生了。只是既存的 3 家公司没有发现而已。说起来,其实是以前由于运费高导致游客对北海道敬而远之,选择前往便宜的关岛、韩国、香港等地。那些航线的竞争对手不是同行业的 3 家公司,而是国外的航空公司和旅行社。所以,如果能早点停止护卫舰队式的运费设定,采取合适的运费竞争机制,肯定能增加游客人数,保持稳定的经营。结果突然被卷入半价事件中,根本没时间整顿态势就被迫应对,完全是因为欠缺战略性思考的缘故。

进攻型经营的精髓在于创造需求。需求不是本身就有的,而是创造出来的。

宅急便很久以来一直被人说快要到顶峰了。可是每年的业绩仍在增长。这是因为我们在开发新商品的同时,不遗余力地努力更新原有的服务。

现在,对经营者最大的要求就是"企业家精神"。企业逐渐扩大,同时也渐渐变旧。无论公司是新还是旧,经营者必须始终拥有企业家精神。一旦经营者的态度从进攻型转变为保守型,那么就应该将接力棒交给下一代了。

以前听说过有上了年龄的著名经营者宣称一旦有超过自己的人出现,任何时候都可以交棒,可他没有努力培养继承者,自己阻碍了继承者的道路却不自知,真是无比荒唐。任何人都有自恋的时候。即使自己觉得还能做也要留着余力退隐归山,这才是经营者应有的心态。

不依赖于行政的独立精神

前面已经提到过,宅急便的变迁史就是一部和行政作斗争的历史。

在日本结束战后的混乱、朝着复兴大步迈进的年代,在贫乏的急需资源分配方面,政府的行政指导曾起到过很好地效果。当时的官僚们自负地认为自己正确地引导着日本的社会、经济。事实上我也认为他们留下了功绩。

但是,日本进入高度成长期后,官僚的存在反倒成了阻碍。因为他们无法摆脱战后操控经济的手法,忘记日本已经是资本主义经济,一心想回归到计划经济时代。最关键的是他们一直待在政府大楼里,无法了解经济和社会的急速变化。这可是大罪过。不了解经济实体的人去进行行政指导,当然不可能弄好。官僚们就像没穿衣服的皇帝,光有权力却处理不好。

我觉得政府人员的工作应该是为了更好地方便国民。所以,当我们去申请许可扩大宅急便的网络时,被他们以保护既存业者权利的名义拒绝了。对于这件事,我从心底里感到气愤。据说为调整需求决定是否给予许可属于政府人员的处理权限。那么咨询需求问题时却提供不了任何资料又算怎么回事儿呢?本来给予许可权限只不过是行政指导的一种手段而已,政府人员却把它当做目的,牢牢抓住不放手,这种人的存在真是让人觉得渺小。

不是说所有的政府人员都是如此,但听说有人因为权力的魅力而去考公务员。这不是道德低下又是什么?

当然也有经营者并不觉得遵从这种政府人员的指导令人难受。护卫舰队式的行政指导能保护业界的秩序,保证稳定的经营,所以有人喜欢。我听到这种事总觉得好没出息。

1994 年日本制定了《行政手续法》。这个法律基本上是禁止口头行政指导。但是,由于政府人员的猛烈反击,行政指导书面化被仅限定于接收方要求提供文件的时候。当然接受行政指导的一方,也就是民间企业可以要求必须记录成文,但实际上企业都不好意思提出文件要求,基本上接受的都是口头指导。政府人员方面有问题,民营企业的经营者的态度也有问题。

政府人员最不对的地方是对结果不负责任。人都会出错。我在经营上也曾多次犯过错误。不过发现后都会老老实实向员工们道歉并纠正错误。正因为我在犯错后能坦率地纠正,所以才得到了员工们的信赖。

听说政府大楼里有句话叫无缪性,我实在无法理解这种狂妄自大的精神构造。归根结底,是听从这些不懂世故的政府人员指导的经营者们自己不好。

不要依赖政治家,唯有自强不息

政治家的存在感在东京和在地方上是完全不同的。在东京,几乎感受不到政治家的存在,而在地方上,日常生活中在各种地方都能感受到政治家的存在。

所以，一有事就有人说"去拜托政治家吧"。这其实就是和官商腐败勾结的源头，必须小心。无论是拜托的一方还是被拜托的一方，都是为了自己的利益而行动的，被要求提供些抵押品是很平常的。

雅玛多运输为了在全国开展宅急便而申请许可证时，就曾被无缘无故放置五六年，令我们深感头疼。

当时也有人提出能不能请政治家调停一下，而我没有向政治家寻求任何帮助。反正对方的同行们已经向政治家和运输省陈情施加压力，如果我们也去拜托别的政治家，还要给对方的政治家面子，就好像加在一起再除以二那样，最终也只能给出个妥协方案来。不彻底地解决只会留下深深的遗憾。所以我们选择了行政诉讼这种正面进攻的方式。

我从来不曾购买过所谓的政治家的晚会券。因为我无法在股东大会上回答这样的提问：你为什么要去购买特定的议员的晚会券呢？

股东大会上那些混混们的问题也是如此。每年一次的股东大会，不管是 5 个小时还是一整天，如果没勇气接招的话还不如辞去经营者的职位。在大会上回答股东的提问不就是经营者最高的职责吗？如果有员工打着为公司着想的旗号给那些混混塞钱，这个人就是君侧的奸佞。

人都有虚荣心。经营着一家公司，总会有人请你捐款。企业规模大，就会有人说"这点钱总是有的吧"，就算自己不是太起劲，面子上也不太好拒绝。干脆利落地拒绝做不到的事情也是经营者的资格之一。

不过，拒绝的方式很重要，不可以让人感觉不愉快。虽说特地上门请托却被拒绝肯定会不高兴,但只要认真倾听对方的言语,诚恳地表态拒绝,对方应该不会觉得很恼怒。

反之,如果内容好,金额上也还合适的话,就不要再说什么我们要认真商讨之后再做决定之类的话,当场拍板的胸襟也是需要的。经营者受到信赖意味着公司受到信赖。

和媒体间的良好关系

经营者中有些人厌恶和媒体接触。我以前也是这样。

我以前有个原则,只在办公室里接受有关工作的采访。可是,逐渐地,记者在晚上,而且是很晚的时间到我家里来采访的情况多了起来。也就是所谓的夜袭。于是我拒绝在自己家里接受采访。这个时候,《日本经济新闻》的 Y 记者点醒了我。

Y 记者是这么说的。经营者,尤其是上市企业的经营者必须意识到他们有义务接受媒体的采访,理当积极应对,拒绝采访简直是荒谬之极。

上市企业的社长是公众人物,所以有义务回答媒体的采访。听到这话,我才不得不承认确实如此。那之后我就开始努力在和记者会面时保持良好的心态。

积极和媒体接触后我发现这并不是件坏事。

我本人作为社长讲出来的话可以直接传达给记者,避免了自己随意想象写出报道。而且,为了能客观地向记者进行说明,自己先得在脑子里整理一遍。而且,我还经常从他们那里了解到业界和经济界的相关信息。

媒体并不是只写雅玛多运输好的一面,有时候也写一些不好的东西。但因为双方已经建立的信任关系,有些不方便马上报道出来的消息,可以请对方等到我们自己说出来再写。

登上媒体的次数多了,公司的社会认知度也得以提高。而且效果最明显的不是别的,正是让雅玛多运输的员工了解自己公司的情况。由此,员工对工作产生了自豪感、对公司的热爱也得到增强等,这些好处不可估量。

可能有不少经营者想利用媒体做宣传。但是新闻记者对自己的工作有很强的自豪感,就算你想利用也只会落个被拒绝的结果。媒体的使命是尽早传递新的消息,所以一定会报道与消费者有关的新闻。登载在报道中的有宣传效果的信息能起到很好地作用,比花费高额广告费进行的宣传要有效得多。

宣传和广告是不同的。经营者应该理解自己必须拥有优秀的宣传精神。

开朗的性格

很多成功的著名经营者是骨子里就开朗的人。性格是积极还是消极虽是天生的,但我认为可以通过努力改变。我本来是内向、不爱社交的性格,后来自己有意识地努力快活地做事。现在虽然也有些时候会装模作样,但基本上已经可以毫不勉强地爽朗行事了。

事情的想法,总是有两面性。着眼于好的方面和好的结果的正面思考,与总是强调否定的方面的负面思考。骨子里就开朗的人多用正面思考看待世人,骨子里就消极的人多用负面思考。

我认为经营者必须始终坚持正面思考。骨子里就开朗的经营者能获得成功绝不是偶然。

我和很多经营者接触过,其中特别令我尊敬的一位是已故去的新日本制铁的稻山嘉宽名誉会长,曾长期担任日本经济团体联合会会长。我和他是通过共同的爱好常磐津开始交往的,他总是不断讲笑话活跃气氛。那时候常磐津的爱好者们每月一次在柳桥的料理亭集会。稻山先生虽然很忙,但经常出席,欣赏同伴们表演的常磐津。因为是酒席上,我们都没怎么投入地去听别人唱,只有稻山先生不一样。让我佩服的是,他不仅仔细倾听,而且无论唱得多差劲都不会说难听的话。对初学者更是一定会给予表扬,鼓励对方可以唱大声一点,你会进步的,要加油!不禁让我感到有胸襟的人到底是不一样的啊。

我被稻山先生深深吸引还因为先生对任何人,特别是对地位低的人很和善,绝不会区别对待。先生去世后,我曾看过追悼录。其中有文章记载,在先生曾担任过理事长的高尔夫俱乐部,经常有球童双手合十在神龛前祈祷,希望周日负责稻山先生。此外还听说在先生卧病期间,球童折千纸鹤送去的故事。稻山先生是个开朗的人,同时也是个谦虚的人。尊重他人的人格,发现并承认他人的优点,在这一点上,先生教给我经营者应具有的重要的资质。

自掏腰包

听上去有点无聊,但对经营者来说,自掏腰包是必要的。

在日本,经营者的薪酬和国外,特别是美国比是非常低的。所以,作为弥补,一般接待费可以作为公司的费用报销。接待外面的人时这么做是理所当然的,不过在日本,公司内部也有接待的习惯,这个费用有时也是用公司的经费支付的。比如说请部下喝一杯,或会议后和同事联欢的时候。

经营高层将和公司内部员工一起吃喝的餐饮费报销申请交给公司的财务可不能算什么好榜样。我们充分明白这一点,可是却不得不同意这么做,理由就是因为薪酬低。

我当上社长的时候,为了能自掏腰包大幅提高了社长的薪酬。不过薪酬可不是随意提高的,需要制定员工的薪酬标准,交给人事部去修订。

我们是这么计算标准的。首先,决定新员工和社长之间理想的薪酬差距,暂定社长的薪酬金额。这里说的当然是扣除税金后的实际收入。

董事的薪酬设定如下。董事当中有人以董事总务部长的形式兼任管理职位。那么要决定担任部长职位的人升至董事职务时加多少薪酬才合适。雅玛多运输是以部长的标准工资的 20% 作为一般董事的薪酬的。也就是说,部长升职兼任董事后涨薪 20%。

也许大家觉得只涨 20% 太少,但董事拥有部长所没有的花红奖金,还算说得过去吧。

接下来是担任要职的董事。算出兼任部长职位的一般董事作为董事而加上的 20% 薪酬的平均金额。以此为基准额,根据职位增加薪酬倍率,计算出每个人的董事薪酬。倍率定为常务 8 倍,专务 10 倍,社长 15 倍。

问题是,包括管理层在内的员工每年 7 月和 12 月能拿到奖金,而董事只能在公司结算的时候才能拿到奖金。全日本以首相为首,所有人都能拿到奖金,然而一旦业绩下降,董事们的奖金就可能泡汤。这岂不是很不公平?可是,按照商业法的规定,董事除结算奖金外不能拿别的,所以我觉得必须想个办法。

我决定雅玛多运输每月多支付给董事30%的薪酬。这30%由人事部以本人名义存起来,每年在7月和12月分两次将各6个月的金额合起来发放。也就是说,每个月的实际收入是1.3个月的份额。

最近,实行年薪制的公司逐渐增加了,董事的薪酬采用年薪制计算更合理,不用采取增加奖金等权宜手段。

不管怎样,经营者必须意识到平时拿自己该拿的,请部下喝酒时须自掏腰包,否则就无法得到员工的尊敬。

高度的伦理道德观

为了企业的长期生存发展,企业需要拥有优秀的"社格",正如人拥有人格一样。人格高尚的人具有高尚的品德,公司也需要有公司的品德。

企业的目的是营利。在有些人眼里,能创造利润的公司就是好公司,不赚钱光赤字的公司,就算能生产出优秀的产品,提供优良的服务,也不算好公司。也就是说,企业的存在价值被简单地归为创造利润。这种想法真的正确吗?

我持否定意见。我认为企业的目的在于长久生存。为了长久生存,必须创造利润。利润既是手段又是企业行为的结果。

企业是社会性的存在。承担着有效使用土地、机械等资本,为地方社会提供财富和服务,维持国民生活的责任。通过提供雇用机会来支撑当地居民的生活。企业需要长期持久地活动，因此也需要创造利润。

如果因为国外资本的进入使得利润提高，而这些利润又返回到国外，对地方上来说，企业的存在价值就得不到认同了。

直截了当地说，企业的存在意义是对地方社会提供有用的财富和服务，同时提供大量雇用机会尽力支持生活的基础。虽说这都是企业行为，但企业必须受到当地人的欢迎，才称得上是社会性的存在。

我个人认为，人最重要的是"真心"和"关怀"。无论对待顾客还是对待员工，都应以"真心"和"关怀"相待作为信条。

雅玛多运输自创业以来就深受三越百货公司的照顾，双方合作时间超过 50 年。然而宅急便开始之后不久就终止了合作，这也是因为当时的冈田社长缺乏道德感，实在令我们无法容忍。我曾在心里对自己发誓，绝对不要成为那样的经营者。

二十几年过去了，由于客人的大力支持和员工们的忘我工作，宅急便获得了当初做梦也没有想到过的大发展。

顺带讲一句，在我于 1995 年辞去会长职位时，雅玛多运输制定了"雅玛多运输企业理念"。这个理念由"社训"、"经营理念"、"企业姿态"、"员工行动指南"等四大支柱构成。这里不作具体阐述。这个企业理念是雅玛多运输为了真正成为品德高尚的公司而制定的目标，同时也是通过宅急便事业为地方社会作贡献的誓言。在伦理方面倡导严禁内部交易、企业政治献金以及接待、赠答等，同时还提到了对环境问题的关心。公司在运输业界最早推广集配车辆无怠速驻停车概念，并通过这种方式来实践自己的理念。

　　我也是人，同样有很多缺点。但我觉得自己从未忘记过"真心"和"关怀"。

　　最高经营者即使多么以自己高度的个人道德为傲，公司也不会变成品德高尚的公司。只有员工整体的伦理道德观念强，才可以称之为品德高尚的公司。为此，公司领导人必须站在最前排，引领大家朝着更高的目标一步步前进。

后　记

　　日本正处于大变革时期。

　　我完全认同，紧接着明治维新、二战战败之后，又一次大变革期即将到来。不过，明治维新和二战战败时的变革涉及政治、法律、行政、社会等所有方面，当然经济上也出现了 180 度的大转变。而 20 世纪八九十年代的这次变革并不是政治、行政制度上的变革，只是经济上的部分转变，并且大多不是根本性的改变。

　　从曾经是不倒神话的金融机构倒闭开始，重组裁员之风到处肆虐。几乎所有产业、各种规模的公司和银行众口一词地宣布调整结构、裁减人手。

　　都说要重组裁员，但各公司的理由千差万别。

　　很多企业裁撤了在泡沫经济时代扩张的不盈利的部门以及与主营业务关联性差的事业。虽然感觉动手太晚了点，但总算是亡羊补牢。在日本企业中，业务雷同的不少，跟风其他公司开展业务的情况比比皆是。只会模仿别人必然是做不好的，但又顾及面子不肯裁撤，这是日本企业的通病。

　　日本企业里存在着长期积累下来的各种问题。比如说，依旧保留不再需要的组织。日本人厌恶剧烈的变化，希望平稳地改变,我很理解这种想法,可很多时候会因此而延缓改革。

这样看来,当前的变革期对于陷入危机中的企业来说正是进行改革的大好时机。为了度过激烈动荡的时代,公司在结构调整的名义下大胆改革。

但是,有这么多公司以结构调整为借口实行裁员,坦率地说,我不得不认为这是个很不好的倾向。企业具有社会性。企业通过雇用与地方社会连接在一起,从保护地方雇用情况的角度来看,企业也不能轻易地解雇员工。

对员工来说,被解雇意味着失去生活的基础,是人生中的重大事件。如果没有相当严重的事情发生,企业不应该裁掉长期为公司作出贡献的员工。

即使从企业的角度看,我们也不应该忘记,虽然裁员可以降低人工费,但同时也意味着企业的战斗力下降了。当然,遇到紧急情况必须压缩人工费时,企业也不得不精简人员。但是这只是为了紧急避难才采用的手段,从长远来看,保持雇用、增强竞争力对企业来说是非常重要的。

结构调整的目标应该是缩减没有为企业收益作出贡献的部门,同时厚待营业部门,实现企业内部的活性化。因此,精简人员时,应该先请上了年龄的董事或管理人员、闲职人员离开,再就是请没有家人需要抚养的单身人士另谋职业。企业有必要采取富有同情心的策略。否则就可能导致有战斗力的优秀员工离职,没有战斗力的人留下,形成本末倒置的局面。

硬要说的话,我对金融机构的重组有些不理解。为了清理泡沫经济时代的残渣,几千亿日元都列入了特别损失费,这本来是件很糟的事。存款利息几乎为零,又强行提高对弱小企业的贷款,最终还得接受公共资金来维持,银行对此负有重大责任。招致了数不清多少用户的不满。

金融机构的经营者不应该在重组之前明确自己的职责吗?

不是说让他们引咎辞职,而是希望他们能在岗位上做好自己应做的事情。企业的改革绝对不可以自下而上,只能自上而下地进行。

首先要做的是银行职员的减薪。他们比一般公司的工资基数要高上 10%。作为致歉,银行只有公开表示将工资降至比一般公司低 10%,即比引进公共资金之前低两成,人们才能够允许征收税金。

在邮政储蓄汇集了庞大的资金时,银行界抱怨说这是国营银行对民营企业的压迫,而邮政储蓄则主张"银行的分店网络都集中在大城市,无视大众的便利,我们邮政储蓄网点遍布全国各地,能够使国民获得便利",一举挫败了银行。

至今为止的银行重组不外乎是城市银行的合并,支行的开设、关闭等,均与用户的便利无关,仅仅优先考虑了自己的方便。本来城市银行、地方银行、信用合作社等的区别不就是大藏省自己随便定的吗? 从用户的角度看本来就不需要这些区分。我认为考虑到用户的方便,不仅需要横向合并,还需要纵向合并。但是,只注重供给者逻辑的银行缺乏使用者的视角,不可能指望他们。

习惯于护卫舰队保护的行业也许需要企业倒闭等休克疗法,不过现在看来也没有多大效果。

我参与雅玛多运输的经营将近 42 年。现在想来,已经是旧时代所谓的模拟式经营。但我确信,在任何时代经营者都必须拥有道德感和对用户的使命感。

从这个意义上讲,我很庆幸自己作为经营者没有做过令自己羞愧的事情。

随着时代的变迁,业绩不可避免地此消彼长。我衷心祝愿雅玛多运输的后继者们能永远挺起胸膛大步前行。

小仓昌男

一九九九年九月